FÜR EINE NEUE ARCHITEKTUR

DAS OFFENE HAUS

FLORENTINE SACK

OPEN HOUSE

TOWARDS A NEW ARCHITECTURE

jovis

All jenen gewidmet,
die wach durch das Leben gehen.

Dedicated to all those,
walking through life awake.

Danksagung allen,
deren Arbeit Inhalt und Herstellung dieses Buches erlaubte.

With gratitude to all,
whose work allowed content and production of this book.

INHALT_CONTENTS

„Einfachheit ist nicht Simplizität", sagt Mies van der Rohe, aber nur wenige Menschen können das eine vom anderen unterscheiden. Einfaches schön zu finden, braucht Anleitung. Mies' „Weniger ist mehr" ist eine Erkenntnis für gelernte Ästheten.

Freilich kann die Begegnung mit einer elementaren Form in der Architektur, mit der „ungebrochenen Reinheit" [Mies] einer Struktur eine erweiterte Selbsterfahrung mit sich bringen. Wer als in der Architektur Unerfahrener das erste Mal eine strenge romanische Kirche betritt und die Sonnenstrahlen beobachtet, die sich durch die kleinen Fenster einen Weg in den Dämmer des Innenraumes bahnen, fühlt einen frommen Schauder. Wer sich in Gottfried Böhms großartiger Wallfahrtskirche in Neviges wie im Innern eines Kristalls erlebt, den erfasst auch als nichtreligiösen Menschen das Gefühl einer transzendenten Gegenwart und einer Einheit, in der die Zeit still steht.

Für die Autorin dieses Buches, Florentine Sack, wurde ein solches Erlebnis in Japan zum Anfang einer neuen Sicht auf Architektur und zum Beginn eines neuen Lebens.

Jede Architektur wirkt auf den Menschen, wo und wie wir ihr auch begegnen. Richard von Weizsäcker, der ehemalige Bundespräsident, sprach von der Unentrinnbarkeit der Architektur. Aber diese Wirkung ist nicht messbar, im besten Falle lässt sie sich nur verbal beschreiben – allgemein und wenig präzise. Vor allem ist das, was man an Wirkung auf sich selbst feststellt, nicht übertragbar auf jemand

"Plainness is not simplicity", according to Mies van der Rohe. But only a handful of people can distinguish one from the other. You need instruction to see plainness as beautiful. All educated fine arts' lovers acknowledge Mies's "less is more".

In fact, confronting an elementary form in architecture, or meeting a structure's "unbroken purity" [Mies] involves a wider sense of self-experience. Anyone with no architectural experience who enters a strictly Romanesque church for the first time and observes the sun's rays, which find their way through the small windows into the shady interior, will feel a shudder of reverence. Even if he is not religious at all, anyone who experiences Gottfried Böhm's magnificent pilgrimage church in Neviges, feeling as though he is inside a crystal, is struck by the sensation of a transcendent presence and a sensation of unity in which time stands still.

For the author of this book, Florentine Sack, a similar kind of experience in Japan became the start of a new perception of architecture and the beginning of a new life.

Every style of architecture affects people, wherever and no matter how we encounter it. The former German Federal President, Richard von Weizsäcker, spoke of the inescapability of architecture. But this effect cannot be measured. At best, it can only be described verbally – in a

anderen. Das Erlebnis von Architektur ist nur begrenzt vergleichbar.

Jeder Mensch reagiert unterschiedlich auf Material, Farbe, Licht und Konstruktion in der Architektur. Während der eine sich in kargen Räumen wohl fühlt und seine Konzentration sich verstärkt, stellt der andere ein Defizit an Wärme und Ausstrahlung fest; während der eine sich von monumentalem Raum bedroht fühlt, braucht ein anderer die Festigkeit und Sicherheit einer solchen Architektur.

Florentine Sack geht in diesem Buch von ihrer ganz eigenen Architekturerfahrung aus. Es ist deshalb als persönliches Bekenntnis zu lesen; zugleich liefert die Autorin eine sensible Analyse zeitloser Schönheit in der Architektur des Ostens wie des Westens.

Ingeborg Flagge

general and imprecise way. Above all, whatever you notice affecting yourself cannot be applied to someone else. The experience of architecture can only be compared to a limited degree. Everyone reacts differently to material, color, light and construction in architecture. Whilst one person feels comfortable in Spartan rooms and notices a heightened sense of concentration, another person feels a lack of warmth and atmosphere. Whilst one person might feel threatened by a monumental use of space, another person needs the solidity and security of this style of architecture. In this book, Florentine Sack starts out from her own particular and unique experience of architecture. That is why it is to be read as a personal confession; and at the same time, the author gives a sensitive analysis of timeless beauty in both eastern and western architecture.

Ingeborg Flagge

Die Inspiration zu diesem Buch fand ich 1991 auf einer Reise durch Japan. Ich erlebte das Land zum ersten Mal, ohne bedeutendes Wissen über fernöstliche Geschichte und Gesellschaft. Gerade diese freie und offene Begegnung mit der japanischen Kultur ermöglichte eine Erfahrung, die mich im Innersten umso tiefer berührte. Die konkrete Idee zu der vorliegenden Publikation entstand nach einem einzigartigen und für mich unvergleichlichen Erlebnis im Entsu-ji-Tempel in der Nähe von Kyoto: Ich stand barfuß auf den polierten Dielen des überdachten Tempelumgangs und schaute in das weiche, leuchtend grüne, von Baumwurzeln durchzogene Moos des Piniengartens und unwillkürlich wurde mir die Einheit aller Elemente bewusst. Meine Angst vor Krankheit und Tod schwand, weil ich mich hier als Teil eines großen Gesamtzusammenhangs ohne Anfang und Ende begreifen konnte.

Dies war eine faszinierende Erfahrung für mich: Durch ein bestimmtes, bewusst komponiertes Ambiente kann dem Menschen also der Zugang in eine völlig neue, offene und freie Dimension möglich gemacht werden. Und diese Erfahrung ist ohne Bindung an eine fest umrissene Situation überall erlebbar. Hier fand ich das höchste Ziel eines Architekten, dem Menschen einen Zugang in eine solche Dimension zu ermöglichen.

Von 1998 bis 2002 entstand aus dem Erlebten eine Dissertation mit dem Titel „Einssein in der Architektur – eine Annäherung". Um meine Untersuchungen zu vertiefen, widmete ich mich in dieser Zeit auch einem intensiven Zen-Studium. Ohne diese Schulung wäre die vorliegende Analyse nicht möglich gewesen. Denn gerade die rein intuitive Wahrnehmungsebene ist nötig, um die vielschichtigen und subtilen sinnlichen Eindrücke aufzunehmen, die gerade in der japanischen Baukunst zu meisterhafter Ausformung gebracht wurden.

I was inspired to write this book in 1991 during a journey through Japan, whilst experiencing this country for the first time, and without knowing anything significant about far eastern history and society. It was precisely this free and open encounter with Japanese culture that triggered an experience, which moved me at a deep level. The concrete idea for this publication was developed after a unique and unparalleled experience at Entsu-ji Temple near Kyoto: I was standing barefoot on the polished wooden floor of the temple's canopied deck, looking at the soft, luminous green moss of the pine garden, entangled in tree roots – whereupon I suddenly became aware of the unity of all things. My fear of illness and death disappeared, because I realised at this point that I was part of a great, overall connection without beginning or end.

This was a fascinating experience for me: through a definite, deliberately composed ambience, human beings can have the opportunity to access an entirely new, open and free dimension. This experience is possible anywhere and without any connection to a firmly defined situation. Here, I discovered an architect's highest aim: giving human beings the opportunity to enter this dimension.

Between 1998 and 2002, a dissertation developed out of this experience in Japan entitled, "Being One in Architecture – An Approach". To explore more deeply at this time, I also undertook an intensive study of Zen. The present analysis would not have been possible without this exploration. This is because a purely intuitive level of perception is precisely what is needed to absorb the multi-layered and subtle sensory impressions that are memorably formed within Japanese architecture.

001

001

001   Moos, Entsu-ji-Tempel, Kyoto, 1991
Moss, Entsu-ji Temple, Kyoto, 1991

Hier also finden wir uns am Ausgangspunkt für diese keinesfalls auf die japanische Kultur beschränkte Untersuchung. Sie soll ein Instrumentarium bereitstellen für eine verfeinerte und umfassendere Sicht auf die Dinge, das immer und überall anwendbar ist und ständig von jedem selbständig ergänzt werden kann.

Here is the starting-point for this investigation, which is by no means restricted to Japanese culture. This publication is to be a means to the end of a sophisticated and more comprehensive view of the things. It is applicable and useful in all circumstances and can always be enriched by the individual's independent viewpoint.

Was ist gemeint mit dem Titel *Das offene Haus*? Und was führt zu einer *neuen Architektur*? Mit beiden Fragen wollen wir uns einem Prinzip nähern, das grundlegend für die Architektur ist. Nicht getrennt von unserer Umwelt, sondern verbunden mit unserem Lebensraum, mit einer sich ständig wandelnden Natur und auch den alltäglichen Dingen des Lebens kann uns Architektur eine Wahrnehmung der Gesamtzusammenhänge erleben lassen. Eine solche Erkenntnis eines allumfassenden Zusammenhangs ist nur intuitiv erfassbar. Und obwohl jeder Mensch sie anders erlebt und unterschiedliche Umstände Auslöser sein können, ist doch der Kern dieser Erfahrung immer derselbe. Der japanische Philosoph Daisetz Teitaro Suzuki [1870–1966] versucht diesen Gedanken in *Zen und die Kultur Japans* zu fassen, indem er sagt, dass es nie eine Trennung zwischen Subjekt und Objekt gegeben habe, alle Unterscheidungen und Trennungen nur unser eigenes Werk seien und es darum gehe, das Wissen um die ursprüngliche Einheit wiederzuerlangen. Ziel dieses unmittelbaren Erfassens sei es, den Dualismus zu überwinden und in den natürlichen Zustand der Reinheit und Transparenz, in das Reich der Leere, zurückzukehren.

Der berühmte Film *Powers of Ten* [1977] von Charles [1907–1978] und Ray Eames [1912–1988] zeigt einen Zoom durch die Größenmaßstäbe in Zehnerpotenzen. Diese beeindruckende „Kamerafahrt" von einer weit entfernten Galaxie [10^{25}] zur Erde und vom Menschen bis in den mikroskopischen Bereich der Zellen [10^{-18}] vermittelt einen Eindruck, wie begrenzt unser alltägliches Wahrnehmungsspektrum ist. Gleichzeitig zeigt sie aber auch, wie befreiend eine Überwindung dieser Grenzen sein kann.

What is meant by the title *The Open House*? And what leads to a *new Architecture*? We shall endeavour to use these two questions to consider a basic principle of architecture. It can allow us to perceive connections underlying the whole: it is not separated from our environment, but connected to our living space and nature's constantly changing appearance and everyday life. This kind of recognition of an all-encompassing connection can only be understood intuitively. Although everyone experiences it differently and varying circumstances can initiate the experience, nevertheless, it is always essentially the same. The Japanese philosopher Daisetz Teitaro Suzuki [1870–1966] attempts to describe this idea in his *Zen and Japanese Culture*. In this book, he suggests that there never has been … any separation between subject and object and all the discrimination and separation we have or, rather, make is a later creation, though the concept of time is not to be interposed here. The aim is thus to restore the experience of original inseparability, which means, in other words to return to the original state of purity and transparency, into a realm of Emptiness or Void where no conceptualism prevails.

The famous film *Powers of Ten* [1977] by Charles [1907–1978] and Ray Eames [1912–1988] shows a zoom-lens focus through measurements to the powers of ten. The breathtaking "camera journey" travels to a galaxy far away from the earth [10^{25}] and shows human beings represented at the microscopic level of cells [10^{-18}]. The series of pictures gives an impression of how limited our daily spectrum of perception is. But at the same time it also

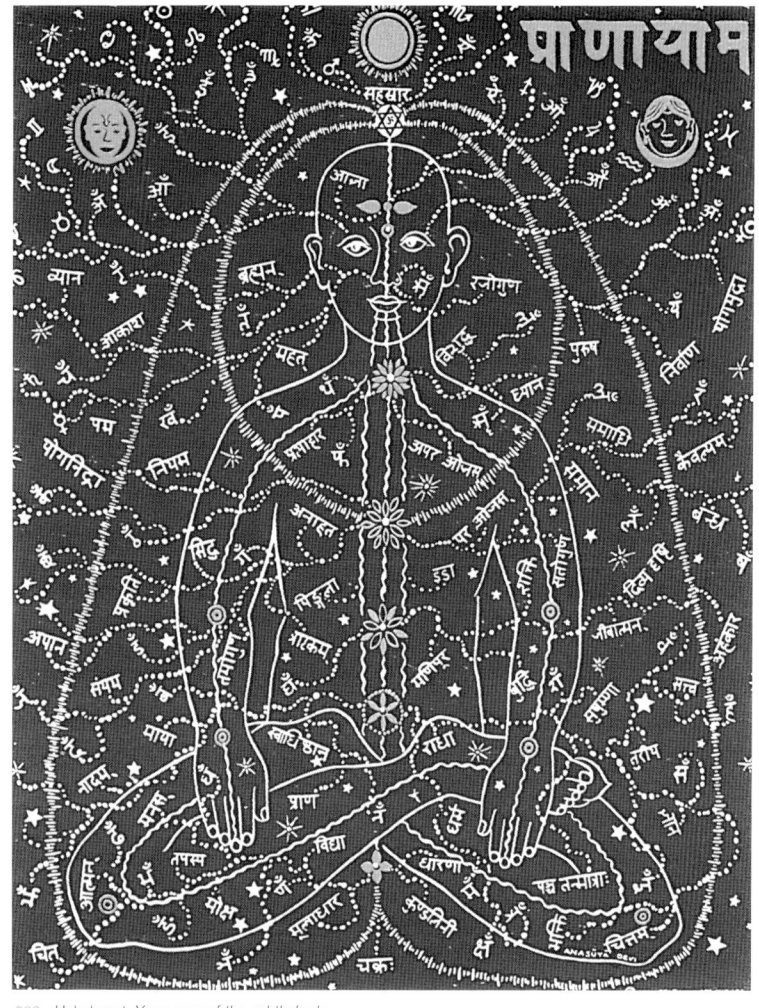

002 Unbekannt, *Yoga map of the subtle body*
Unknown, *Yoga map of the subtle body*

Das Konzept eines „Urzustandes" hat es sowohl in der westlichen als auch in der östlichen Kultur immer gegeben: Bei Heraklit findet sich ebenso wie bei Laotse die Vorstellung des *panta rhei* [„alles fließt"]. Der japanische Dichter Kamo no Chomei [1153–1216] beschreibt diesen Zustand so:

DER FLUSS HÖRT NIE AUF ZU FLIESSEN UND DAS WAS-SER IST NIE DASSELBE. DIE IN DEN BECKEN VORHANDE-NEN LUFTBLASEN VERSCHWINDEN UND TAUCHEN AUF. SIE BLEIBEN NIE. GENAUSO IST ES MIT DEN MENSCHEN UND IHREN BEHAUSUNGEN [...] MENSCHEN STERBEN AM MORGEN UND WERDEN AM ABEND GEBOREN, WEDER WISSEND WOHER SIE KOMMEN, NOCH WOHIN SIE GEHEN, WIE LUFTBLASEN IM WASSER.

shows how liberating it can be to overcome these limitations.
The concept of this kind of "original state" has always been present both in western as well as eastern culture: the idea of the *panta rhei* ["everything flows"] can be found in Heraclitus just as well as Laotse. The Japanese poet, Kamo no Chomei [1153–1216] describes this state as follows:

THE RIVER NEVER STOPS FLOWING, AND THE WATER IS NEVER THE SAME. THE BUBBLES THAT FLOAT IN THE POOLS, NOW DISAPPEARING, NOW COMING INTO BEING, NEVER LAST. SO IT IS IN THE WORLD WITH PEOPLE AND THEIR DWELLINGS [...] PEOPLE DIE IN THE MORNING

Nach einer solchen mystischen Erfahrung streben alle Religionen, aber auch Kunst und Architektur. Immer schon versuchten herausragende Architekten, mit ihren Bauwerken einen offenen Raum zu schaffen, in dem es keine Grenzen zwischen Mensch und Umwelt, innen und außen gibt, weil alles zur selben Zeit und miteinander verbunden existiert. Erst durch die bewusste Wahrnehmung der Gleichzeitigkeit entsteht Sicherheit und Freiheit in der Baukunst. Diese Erkenntnis ist entscheidend für die Signifikanz von Architektur, denn die ihr immanente Kraft wirkt auf uns Menschen ständig und überall. Im Gegensatz zu den anderen bildenden Künsten können wir uns ihr nicht entziehen, da sie unser gesamtes Umfeld prägt und unsere Blicke fängt. Somit beeinflusst sie als Kunst unser Selbstverständnis und trägt zugleich in hohem Maße Verantwortung für die Gesellschaft.

Denn nicht nur der Verstand, sondern das gesamte menschliche Sein reagiert auf den gebauten Raum. Fast alle Künste arbeiten als Spiegel und Erweiterung der menschlichen Wahrnehmung. In der Architektur aber bildet der Raum die Erweiterung des menschlichen Körpers, die zweite Hülle. Architektur wird also mit allen Sinnen erfasst, sie fließt in uns und durch uns hindurch, hinterlässt Eindrücke und verursacht unterschiedlichste Empfindungen. Die Darstellung des Raumes hat Einfluss darauf, wie der Mensch sich in ihm fühlt, auf seinen Bezug zu sich selbst und seiner Umwelt.

Es scheint, als ob uns erst im Zuge der wirtschaftlichen und kulturellen Globalisierung bewusst geworden ist, dass alles auf der Welt miteinander in Verbindung steht. Wir erkennen, dass unser ganzer Kosmos, jede natürliche, kulturelle, politische Entwicklung aus einer umfassenden Beziehung heraus entsteht.

Die Welt ist ständig im Fluss, jede Bewegung erzeugt eine Gegenbewegung. Betrachtet man kulturelle und politische Strömungen der Geschichte, kann man genau dieses Muster erkennen. Wir haben heute zwar einen immer intensiveren kulturellen Austausch, jedoch unterliegt er, wie der wirt-

AND ARE BORN IN THE EVENING, NOT KNOWING WHERE THEY COME FROM, OR WHERE THEY ARE GOING, LIKE BUBBLES ON THE WATER.

All religions strive for such a mystical experience, but art and architecture do the same. Brilliant architects have always tried to create an open space with their buildings, where there were no barriers between man and his environment, both on the inside and outside, because everything exists at the same time and is interconnected. Only the conscious perception of this simultaneity creates security and freedom in architecture. This recognition is decisive for architecture's significance, since the immanent power of architecture constantly affects humans wherever they are. In contrast to other visual arts, we cannot escape architecture, since it influences all our surroundings and captures all our attention. In this way, architecture influences our self-awareness as art and simultaneously carries a high degree of social responsibility.

Not only our rational self, but also man's sense of being reacts to architectural space. Almost all the arts function as the mirror and extension of human perception. In architecture, however, space forms an extension of the human body; it acts like a second skin. Architecture is therefore appreciated by all the senses, it flows in us and through us, leaving behind impressions and creating the most diverse sensations. The representation of space influences how humans feel in space and our relationship with ourselves and towards our environment.

It appears as though we have only become aware of everything being interconnected in the world in the wake of economic and cultural globalisation. We recognise that our entire cosmos, every natural, cultural and political development emerges from an overall relationship. The world is constantly in flux; every movement creates a counter-movement. If you consider

003 Erde, Photo der *Nasa*
The Earth, photographed by *Nasa*

schaftliche auch, den Gesetzen des Marktes. Effizienz, Angebot und Nachfrage können aber die gesellschaftliche Diskussion über Werte und Rahmenbedingungen niemals ersetzen, und so lassen sich Religion, Kunst, kurz, alle geistigen Aspekte des Lebens mit diesen Gesetzen nicht fassen. Deshalb werden wichtige Aspekte des Lebens, die eher auf einer spirituellen Ebene liegen und Antworten auf Grundfragen des menschlichen Daseins suchen – wie: *Wer bin ich? Woher komme ich? Wohin gehe ich?* – zunehmend vernachlässigt.

Ein diffuses Gefühl des – spirituellen – Mangels soll durch ungehemmten Konsum kompensiert werden. Damit dieses System nicht zusammenbricht, werden gezielt Defizitgefühle geschürt. Jung – schön – erfolgreich, das sind die Zauberworte der westlichen Gesellschaft. Diese Idealkombination hat zwar mit der Wirklichkeit nichts zu tun, prägt aber dennoch die Normen unserer Gesellschaft. Unzählige Menschen plagen sich ab, um diesen Idealen zu entsprechen, ohne die leiseste Hoffnung, sie jemals zu erreichen.

Wir müssen also dringend einen Weg finden, mit unseren eigenen Unvollkommenheiten umzugehen: Wer mit sich allein sein kann und sich eins mit seiner Umgebung fühlt, für den gibt es keinen Grund, sich einsam zu fühlen, weil er nicht isoliert, sondern immer verbunden sein wird. Wenn wir uns vom Diktat des Zeitgeists und der gesellschaftlichen Normen befreien und den Gesamtzusammenhang erfahren wollen, müssen wir uns von der rein persönlichen Wahrnehmung lösen. Dann können wir den wahren Reichtum unserer Existenz erken-

cultural and political influences in history, you can identify precisely this pattern. Today, we have an increasingly intense experience of cultural exchange, but as with economic forces, it is subject to market rules. However, efficiency, supply and demand cannot act as a substitute for the social discussion of values and a framework for life. Therefore, religion, art, and in short, all of life's intellectual aspects cannot be controlled by these rules. For that reason, the important aspects of life, which are more on a spiritual level, are increasingly neglected. This also applies to the search for answers to the basic questions of human existence, such as: Who am I? Where did I come from? Where am I going?

A vague feeling of [spiritual] deprivation is supposed to be compensated for by unlimited consumption. Deliberate feelings of inadequacy are played upon in order that this system does not collapse. Young, beautiful, successful – these are the magic words of western society. Although this ideal combination has nothing to do with reality, it still influences our social norms. Countless individuals torture themselves to realise these ideals, without the slightest hope of ever achieving them.

Therefore, we urgently need to find a way of dealing with our own inadequacies: anyone who can endure solitude and feel at one with his environment has no reason to feel lonely, because he is not isolated, but will always be connected. If we release ourselves from the

nen, weil wir ihn nicht allein in wirtschaftlichen Gütern sehen, sondern im Leben als solchem, in der Erfahrung der Landschaft, der Jahreszeiten, der Menschen, des Miteinanders von allem.

Alte Menschen hatten früher wegen ihrer Erfahrung eine hohe Stellung in der Gesellschaft inne, heute werden sie hinausgedrängt. Unser ganzes gesellschaftliches System richtet sich gegen die grundlegende natürliche und somit menschliche Entwicklung. Der Alterungsprozess unseres Körpers soll möglichst lange aufgehalten werden, zugleich versuchen wir, uns mit pflegeleichten und durablen Materialien zu umgeben. Dabei ist doch unser Lebensprozess Teil des natürlichen Gesamtzusammenhangs. Das Festhalten an einer Vorstellung ewiger Jugend und Dauer ist wie ein geistiger Stillstand, etwas absolut Künstliches und den natürlichen Vorgängen, die wir ständig erleben, diametral entgegengesetzt. Der Traum von der Unzerstörbarkeit richtet sich gegen unsere eigene geistige und körperliche Wandlung und damit gegen uns selbst. Nur indem wir diese natürlichen Prozesse akzeptieren, können wir zu einer Aussöhnung mit Krankheit und Tod als den unausweichlichen Bestandteilen unseres Lebens kommen. Erst dann können Lebensbedingungen geschaffen werden, die mit der Natur arbeiten und nicht gegen sie.

Unsere Kultur und damit auch unsere ästhetischen Vorstellungen sind also geprägt von einer vollständigen Vernachlässigung aller Wandlungs- und Entwicklungsvorgänge. Dass eine Darstellung durch Unregelmäßigkeit, Spontaneität, Kraft, Dynamik und Vielfalt an Leben gewinnen kann, passt nicht in das starre westliche Harmoniekonzept. Mit Beginn des platonischen Denkens wurde die Wissenschaft im Westen in Esoterik und Exoterik geteilt. Das ursprüngliche, intuitive Verständnis für das Ganze, den Kosmos, wurde seit Platon durch eine mathematische Konstruktion verdrängt. Damit verlagerte sich der Schwerpunkt von einer intuitiven zu einer intellektuell geprägten Betrachtung der Welt. Die Esoterik wurde zu einer nicht ganz ernst zu neh-

dictates of the Zeitgeist and social norms, and if we intend to experience things as a whole, we have to give up our purely individualistic perception. Then we can identify the true richness of our existence, because we do not only see it in terms of economic goods, but in terms of life itself, in the experience of nature, the seasons, human beings, and above all in the experience of living together.

Previously, old people enjoyed a high status in society because of their experience. Today, they are pushed out. But our life process remains part of the community's natural wholeness. Our entire social system militates against a fundamental natural and therefore human development. The aging process of our body is supposed to be held up for as long as possible. At the same time, we try to surround ourselves with low maintenance and durable materials. This act of clinging to an idea of eternal youth and durability is like intellectual stalemate, like something absolutely artificial and diametrically opposed to the natural processes that we constantly experience. The dream of indestructibility is directed against our own intellectual and physical transformation and therefore against ourselves. Only by accepting the natural processes can we reconcile ourselves to illness and death as an inevitable part of our life. Only then can the conditions be created for life, which work with and not against nature.

Our culture and also our aesthetic imagination are therefore influenced by a total neglect of all transformative and developmental processes. That an illustration can gain vitality through irregularity, spontaneity, power, dynamism and variety does not fit in with the rigid, western concept of harmony. In the early stages of Platonic thought, science in the west was divided into esoteric and exoteric. The original, intuitive understanding for the whole, for the cosmos, was suppressed from Plato onwards by a mathematical construction. In the process, the

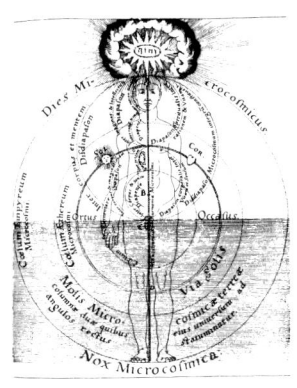

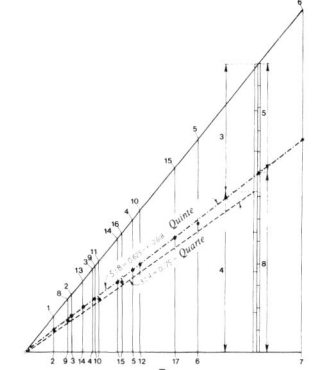

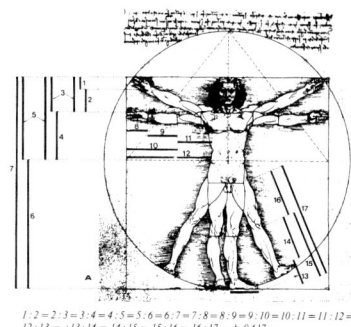

004 Robert Fludd, *Ultriusque Cosmi Historia*, 1617
Robert Fludd, *Ultriusque Cosmi Historia*, 1617

005 Leonardo da Vinci, *Proportionsschema der menschlichen Gestalt nach Vitruv*, 1509
Leonardo da Vinci, *Proportions of the Human Figure according to Vitruvius*, 1509

menden Randerscheinung, da ihre Themen aus dem Rahmen des objektiv Messbaren fallen. Allgemein gültige und verstandesmäßig nachvollziehbare Kriterien bilden seitdem die Grundlagen der westlichen Wissenschaft und Ästhetik.

005 Aus den Maßverhältnissen des menschlichen Körpers wurde die Harmonie des Goldenen Schnitts abgeleitet, die fortan die bildnerische Gestaltung bestimmen sollte und auch in der Musik ihre Anwendung fand.

006 Die Bildbeispiele des ungarischen Architekten
007 György Doczi zeigen, dass sich diese aus dem
008 durchschnittlichen mitteleuropäischen Körper ab-
009 geleiteten Maßverhältnisse tatsächlich bei allen Le-
010 bewesen wieder finden lassen. So ist es auch nicht
011 verwunderlich, dass die japanische Architektur, die
012 auf Grundlage der durchschnittlichen Körpermaße eines Japaners entwickelt wurde, dieselben Maßverhältnisse zeigt. Dennoch entstand in Japan ein viel differenzierteres architektonisches System, auf das an späterer Stelle noch genau eingegangen wird.

In der Renaissance, Klassik und Moderne finden sich Verweise auf die schon in der Antike angelegte mathematische Vorgehensweise. Übernahmen die Baumeister der Renaissance und der Klassik nur Fragmente des griechischen Stils, die sich vor allem in ihren Fassaden widerspiegelten, so suchte die Moderne eine Architektur zu finden, die den Grundlagen der griechischen Baukunst entsprach.

013 Die Proportionen des Goldenen Schnitts bildeten die Basis einer rationalistischen Architektur, die unter dem Einfluss wirtschaftlicher Interessen und

focus switched from an intuitive to an intellectually influenced view of the world. Esoterics became a marginal influence that was not really to be taken seriously, because its focus did not fall within the scope of what can be objectively measured. Since then, criteria that are generally valid and that can be rationally understood have formed the basis of western science and aesthetics.

The harmony of the Golden Ratio, derived from 005
the proportions of the human body, was supposed to determine pictorial design forever after, even finding its application in music.

The illustrative examples of the Hungarian ar- 006
chitect, György Doczi, show that these meas- 007
urements, which are derived from the average, 008
central European human body, are actually to 009
be found in all life forms. Therefore, it is not 010
surprising that Japanese architecture shows 011
the same proportions, given that it was developed on the basis of the average body meas- 012
urements of a Japanese individual. Nevertheless, a much more differentiated architectural system developed in Japan and this will be discussed later in greater detail.

In the Renaissance, classical and modern periods, there are references to the mathematical procedures set out in antiquity. While Renaissance and classical architects adopted only fragments of Greek style primarily reflected in their façades, the search in modern times was for an architecture that corresponded to the basic principles of Greek architecture.

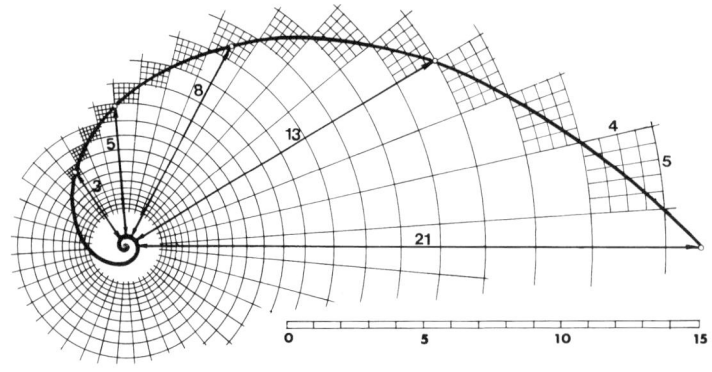

006 Seeohrmuschel
Paua shell

007 Spiralgalaxie
Spiral galaxy

industrieller Herstellungsmethoden immer mehr ver-einfacht wurde, bis hin zum gesichtslosen *Interna-tional Style*, der den Bezug zu Umwelt und Mensch fast völlig verloren hat. Da Architektur als dienende Disziplin die jeweilige Gesellschaft und deren Wer-te repräsentiert, sind wir heute mit wenigen Aus-nahmen von einer auf sich selbst bezogenen, von Macht und Geltungsdrang geprägten Bauweise umgeben, die sich kaum oder gar nicht auf ihre Umgebung bezieht. Vielfach liegt das daran, dass die Architektur ausschließlich von den wirtschaft-lichen Interessen ihrer Bauherren bestimmt ist und Nutzer oder Umfeld nur untergeordnete Rollen spielen; sie dient vor allem der Repräsentation und arbeitet kaum noch mit einer spirituellen Ebene. Dadurch ist eine kulturell sehr bedeutsame Dimen-sion verloren gegangen.

Gegenströmungen zu einer solchen rationalistisch geprägten Architekturauffassung finden sich in der westlichen Welt zum Beispiel in der Gotik, im Ba-rock und in der Romantik. Hier gibt es zwar auch die Proportion nach dem Goldenen Schnitt, jedoch arbeitet die Architektur auch atmosphärisch, indem sie versucht, die intuitive, sinnliche Wahrnehmung des Menschen anzusprechen. In der Gotik wurde mit der Überhöhung des Raumes und der Filigra-nität der Bauteile eine Auflösung ins Licht und damit eine Entwicklung vom Materiellen ins Geis-tige angestrebt. Im Barock versuchte man, eine Überwindung der räumlichen Grenzen durch Stuk-katur, Deckenmalerei mit meist mystischen Inhalten

The proportions of the Golden Ratio formed the basis of a rationalistic architecture that was continuously simplified under the influence of economic interests and industrial methods of production. This led to the faceless *Internatio-nal Style*, which had almost totally lost a con-nection to the environment and humans. Ar-chitecture as a discipline performs a service and represents the society in question and its values. For that reason, today we are surround-ed, with few exceptions, by a self-absorbed, power-crazy and attention-seeking style of ar-chitecture that barely – or not at all – relates to its environment. In many cases, this is due to the fact that the economic interests of the builders exclusively define architecture; and the users or surroundings merely play subordi-nate roles. Above all, architecture serves as a means of representation and hardly works any longer on a spiritual level. This is why a cultur-ally very significant dimension has gone miss-ing.

Counter-influences to such a rationalistic inter-pretation of architecture can be identified in the western world, for example, in Gothic, Baroque or Romantic styles. Although the proportion of the Golden Section is also valid here, architec-ture also works atmospherically, by trying to appeal to man's intuitive, sensual perception. In the Gothic period, the superelevation of space and of filigree building elements strove

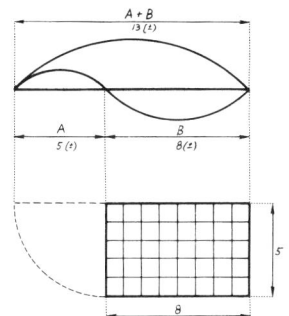

$A : B = B : (A + B) = 0,618 \quad B : A = (A + B) : B = 1,618...$

$5 : 8 = 0,625; 8 : 13 = 0,615 \quad 8 : 5 = 1,6; 13 : 8 = 1,62$

008

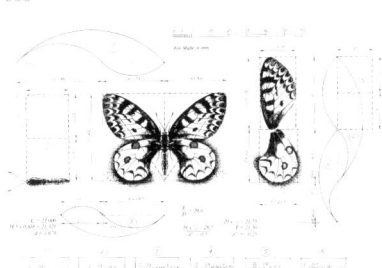

009

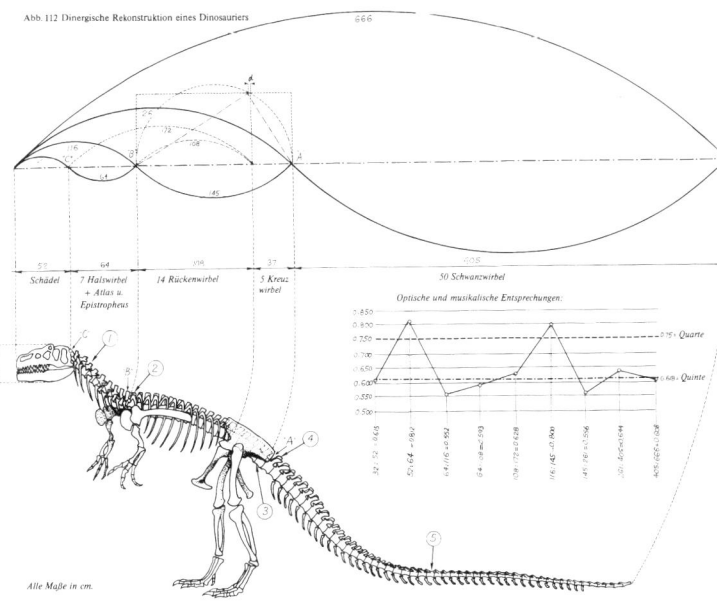

Abb. 112 Dinergische Rekonstruktion eines Dinosauriers

010

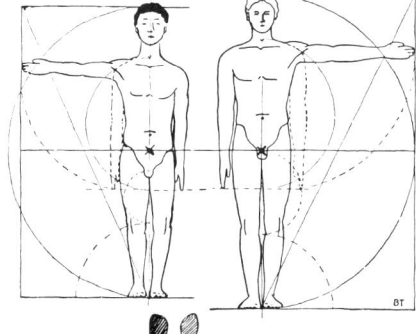

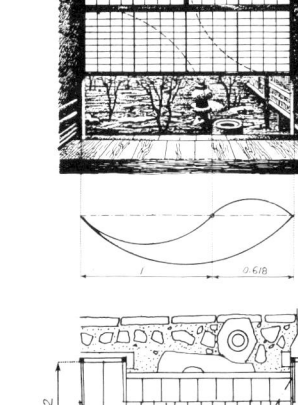

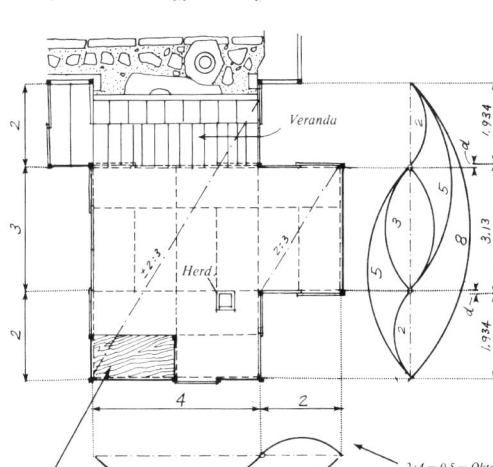

012

011

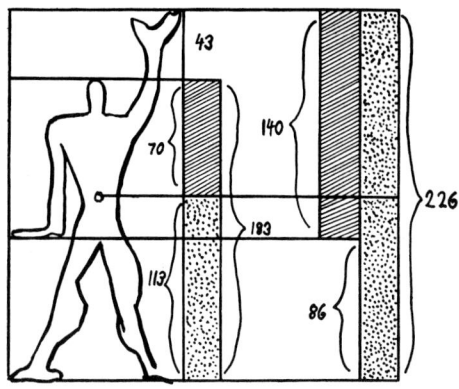

013 Le Corbusier, *Modulor*, 1950
Le Corbusier, *Modulor*, 1950

und eine diffuse Lichtführung zu erreichen. Die Epoche der Romantik fand zwar in der Architektur zu keiner eigenen Ausdrucksform, jedoch zeigte sich in Literatur und Malerei deutlich das Bestreben, Rationales mit dem Unbewussten zu verbinden und die Grenzen zwischen Mensch und Umgebung aufzulösen. Architektonisch war diese Zeit geprägt von einer Rückbesinnung auf handwerkliche Qualitäten, die sich in der *Arts and Crafts-Bewegung* in England niederschlug und später auch in *Jugendstil* und *Art Dèco* ihren Widerhall fand.

Der Spanier Antoni Gaudí [1852–1926] schuf über die Konstruktion eine neue Ausdrucksform für die Entsprechung von Architektur und Natur. Das Hängemodell als selbstbildende Form diente als Grundlage seiner Gewölbestrukturen und auch das Äußere seiner Bauten zeigt die ganze Vielfalt der in der Natur zu beobachtenden Formen und Farben.

Ebenso suchte die *Bauhaus*-Schule einen ganzheitlichen Ansatz, der dem Menschen in seinem ganzen Sein entsprechen sollte. Formuliert wurde dieser vor allem von den beiden zunächst in Weimar, später in Dessau lehrenden Künstlern Oskar Schlemmer und Paul Klee. In der Formensprache der aus dem *Bauhaus* hervorgegangenen Architektur finden sich diese Zielsetzungen jedoch nicht wieder, denn ihre Bauten ziehen eine klare Grenze zwischen innen und außen. Erst Mies van der Rohe [1886–1969] gelang mit dem Entwurf des deutschen Pavillons auf der Weltausstellung 1929 in Barcelona die Überwindung dieser Grenze.

for dissolution into light and thus a development from the material to the spiritual dimension. In the Baroque period, the attempt was to achieve dissolution of spatial boundaries by stucco, ceiling painting with mystic contents and a diffuse trailing of light by a multi-layered building skin. Although the Romantic era did not achieve its own unique expressive style in architecture, the effort to combine rational and unconscious elements and to blur the boundaries between man and his world clearly revealed itself in literature and art. Architecturally, this period was considerably influenced by a return to the qualities of craftsmanship, which emerged in the *Arts and Crafts Movement* in England and was later echoed in *Jugendstil* and *Art Déco*.

The Spanish architect Antoni Gaudí [1852–1926] created a new form of expression for the connection between architecture and nature by means of construction. The hanging model as a self-creating form served as the foundation of his arch structures and the exterior of his buildings also shows in detail the whole diversity of forms and colours that can be observed in nature.

Likewise, the *Bauhaus School* sought a holistic approach, which aimed to capture man in his entire being. This ideal was primarily formulated first in Weimar, later in Dessau by two artistic teachers, Oskar Schlemmer and Paul Klee.

014 Buckminster Fuller, Orlando Pavillon, 1964
Buckminster Fuller, Orlando Pavilion, 1964

015 Frei Otto, Olympiastadion, München
Frei Otto, Olympia stadium, Munich

014 Der amerikanische Architekt, Konstrukteur, Autor und Universalist Buckminster Fuller [1895–1983] stellte den globalen Zusammenhang ins Zentrum seiner Architektur. Seine Domes, sphärische Kuppeln mit einer Substruktur aus Dreiecken, sind nicht nur globale Formen mit Naturentsprechung, sondern auch Pionierbauten der Leichtbaukonstruktion. Diese Art der Konstruktion, die eine Befreiung des Raumes zuließ, erfuhr durch Fuller eine neue Bedeutung, weil sie jetzt aus einer globalen Verantwortung heraus begründet wurde. Er erreichte durch die Leichtigkeit seiner Konstruktionen eine Auflösung, die den natürlichen Strukturen entsprach. Auch die außerordentliche Effizienz in der Verwendung von Baustoffen, für die Fuller bekannt ist, findet ihre Entsprechung in der Natur.

015 Auch der Deutsche Frei Otto ist ein einflussreicher Pionier der Leichtbaukonstruktion und seine Motivation ist ebenfalls im globalen Gesamtzusammenhang einer verantwortungsvollen Architektur angesiedelt. Durch seine Studien von selbstbildenden Formen entstanden Bauten, die sich auf eine ganz selbstverständliche Weise in die Natur einfügen. Für seine berühmten Seilnetzkonstruktionen bildeten kleine natürliche Konstruktionen wie Spinnennetze die Vorlage, deren effiziente Kraftverläufe in großmaßstäbliche Baustrukturen übertragen wurden.

Mit den Architekten des Dekonstruktivismus, wie Zaha Hadid, Daniel Libeskind und Peter Eisenman, werden alte Strukturen aufgebrochen und Raum geschaffen für eine neue und umfassende Suche nach Bezugsmöglichkeiten zur Natur. Das Be-

However, these goals are not reflected in the formal style that emerged from *Bauhaus* architecture, chiefly because these buildings still draw a clear distinction between inside and outside. Mies van der Rohe [1886–1969] was the first to succeed in overcoming this distinction with his design for the German pavilion for the 1929 world exhibition in Barcelona.

The American architect, constructing engineer, 014 author and universalist Buckminster Fuller [1895–1983] placed the global connection at the heart of his architecture. His Domes, or spherical domes with a substructure made of triangles, are not only global forms with a parallel in nature, but also pioneering light weight structures. This type of construction, which permitted a liberation of space, gained new meaning under Fuller, because it was now established on the basis of global responsibility. Because of the lightness of his constructions, he achieved a resolution that approached natural structures. The extraordinary efficiency in the use of building materials, for which Fuller is famous for, is also paralleled in nature.

The German architect Frei Otto is also an influ- 015 ential pioneer of light weight structures and, moreover, his motivation lies in the overarching global context of responsible architecture. Through his studies of self-creating forms, buildings emerged, which integrate in a quite natural way with nature. Small, natural structures like spider webs formed the basis for his famous cable net structures, whose efficient

wusstsein des globalen Zusammenhangs prägt die Architektur immer mehr – und das nicht nur im Sinne einer ökologischen und ökonomischen Nachhaltigkeit, sondern auch in ästhetischer Hinsicht. Es lässt sich eine Hinwendung zu natürlichen Materialien beobachten, insbesondere aber ein neuer Bezug von Architektur zur Landschaft. Die Grenzen zwischen innen und außen werden zunehmend verwischt und geraten in einen bisher nicht da gewesenen Fluss.

Es scheint, dass der Menschheit wieder bewusst wird, dass ihre Existenz in einem größeren Kontext steht. Die Sinnlichkeit, die vielen Beispielen jüngerer Architektur innewohnt, lässt eine Versöhnung von Intellekt und Intuition erhoffen – die westliche Kultur scheint endlich zu erwachen.

Zu Beginn der Ausführungen wurde auf die Vorstellung der „Leere" hingewiesen, die sich gleichermaßen in der abendländischen wie auch in der japanischen Kultur findet. Voraussetzung für die Wahrnehmung von Transparenz und Reinheit ist, dass der Geist frei von störenden Gedanken und vollständig aufnahmebereit ist. Diesen Zustand auch atmosphärisch zu vermitteln, ist das Ziel der japanischen Ästhetik. Die Leerheit in der japanischen Architektur schafft Bedingungen, in denen der menschliche Geist ganz zur Ruhe kommen kann. Gelingt dies, kann die intuitive Wahrnehmung zu einer völligen Loslösung vom Materiellen gelangen.

Ein weiteres Charakteristikum der japanischen Architektur ist ihre Lebendigkeit. Klar wird dies durch den von dem Zen-Meister Matsuo Basho [1644–1694] formulierten Grundsatz, dass ein Gärtner nie seine Vorfahren nachahmen, sondern nach demselben streben sollte wie sie. Dieser Anspruch führt in Japan zu einer großen Freiheit im Umgang mit den im Laufe der Zeit wechselnden Bedingungen, Anforderungen, Materialien und Techniken. Hier zeigt sich, warum die japanische Architektur immer präzise auf ihre primären Anforderungen reagiert und die westliche Architekturgeschichte im Gegensatz dazu in immer stärkeren Formalismen erstarrt ist.

lines of force were transferred to large-scale building structures.

With deconstructionist architects, like Zaha Hadid, Daniel Libeskind and Peter Eisenman, old structures are broken up and space is created for a new and comprehensive search for possible relationships to nature. Awareness of the global connection is increasingly influencing architecture – and not only in the sense of ecological and economic sustainability, but also in an aesthetic context. A trend towards natural materials can be observed, but also and primarily a new relationship of architecture with landscape. The distinctions between inside and outside become more and more indistinct and take on a certain fluidity that was previously absent.

It seems that humanity is again growing aware of its existence in a wider context. The sensuality that is present in many examples of contemporary architecture makes one hope for a reconciliation of intellect and intuition – western culture at last seems to be waking up.

Above, the idea of "emptiness" or "void" was referred to, which is equally present both in western and Japanese culture. The basis for the perception of transparency and purity is that the intellect is free from disturbing thoughts and totally able to absorb. The aim of Japanese aesthetics is also to convey this state atmospherically. The sense of vacancy that can be found in Japanese architecture creates the conditions in which the intellect can completely come to rest. If this is successful, then intuitive perception can achieve total release from the material world.

Another characteristic of Japanese architecture is its vitality. This is clearly formulated in a principle of the Zen master Matsuo Basho [1644–1694] that a gardener can never mimic his predecessors, but should strive to achieve the same as they did. This challenge leads to a greater freedom in Japan in dealing with the

Aus japanischer Sicht liegt die eigentliche Konstante im Wandel. Dem Ausdruck zu geben, heißt, nach immer neuen und kreativen Lösungen zu suchen, zum Beispiel indem in der Gartenbaukunst bewusst auf die jahreszeitlichen Veränderungen verwiesen wird.

Die Vorstellung universaler Einheit spiegelt sich in der japanischen Baukunst in sehr komplexer Weise wider. Mit welchen Mitteln dieses Konzept in der Architektur transportiert wird, soll in den folgenden Kapiteln ausführlich gezeigt werden.

In der japanischen Ästhetik ist auch der Schönheitsbegriff äußerst ambivalent. Hier bedeutet „Schönheit" immer den Hinweis auf das Ganze, wohingegen sie im Westen traditionell mit Perfektion und dem Göttlichen gleichgesetzt wird. Dadurch entfernt sich der Schönheitsbegriff aber von der Natur und bleibt ein unerreichbares Ideal. In der Ästhetik Japans hingegen ist Schönheit erreichbar, weil sie immer in den Gegebenheiten der Natur ihre Entsprechung findet. Zur Schönheit gehören daher auch Unvollkommenheit, Fehler, Rauheit und sehr Gegensätzliches. Alle Einzelelemente verweisen auf das ihnen Fehlende; kontrastierende Elemente werden – anders als im Westen – als Teile eines großen Ganzen erfahren, die untrennbar miteinander verwoben sind und sich gegenseitig ergänzen.

Besonders deutlich zeigt sich das unterschiedliche Schönheitsempfinden darin, dass im Westen Symmetrie als harmonisch empfunden wird, während im Osten die Asymmetrie als harmonisch gilt. Die westliche Ästhetik sucht in der Symmetrie das absolute, göttliche Gleichgewicht, dem nichts hinzugefügt und nichts weggenommen werden kann. Dieser Zustand der Balance ist abgeschlossen und endgültig. Im Gegensatz dazu versucht man in Japan, offene Strukturen durch Asymmetrie zu erreichen, die dem Wachstum natürlicher Formen entsprechen. Überall kann sich etwas weiterentwickeln, je nachdem, wo es benötigt wird. Auch die Freiheit des menschlichen Geistes ist ja erst dann gegeben, wenn sich die Gedanken unbegrenzt in jede Richtung ausdehnen können. Die Asymmetrie entspricht somit dem menschlichen und natürlichen

changing conditions, demands, materials and techniques over the course of time. Here, it is clear why Japanese architecture always precisely reacts to its primary demands and, by contrast, western architectural history has clung to increasingly stronger styles of formalisms.

In the Japanese view, the real constant lies in change. To express this idea means to search for increasingly new and creative solutions, for instance, in garden construction when conscious reference is made to seasonal changes. The idea of universal unity is reflected in Japanese architecture in a very complex way. The following chapters will show in detail the sorts of ways in which this concept is applied to architecture.

In Japanese aesthetics, the concept of beauty is also extremely ambivalent. Here, "beauty" always refers to the whole, whereas in the west it is traditionally equated with perfection and the divine. In this way, however, the concept of beauty is distanced from nature and remains an unattainable ideal. By contrast, in Japanese aesthetics, beauty is attainable because it always finds a parallel in the conditions of nature. Accordingly, imperfection, error, clumsiness and numerous highly contradictory elements also constitute beauty. Unlike in the west, contrasting elements indicate what they are lacking; they are experienced as parts of a greater whole, which are inextricably linked to each other and complete one another.

The contrasting sense of beauty is especially clearly shown in the fact that in the west symmetry is perceived as harmonious, whereas in the east asymmetry is regarded as harmonious. The western aesthetic searches for the absolute element in symmetry, almost a divine balance, where nothing can be added and nothing taken away. This state of balance is accomplished and final. In contrast, in Japan the attempt is made to achieve open structures through asymmetry. These structures correspond to the growth of natural forms. Anything

016_017   Kisho Kurokawa, Yamagata Hawaii Dreamland 1966–67, Abriss 1975
Kisho Kurokawa, Yamagata Hawaii Dreamland 1966–67, demolition 1975

Bestreben nach Wachstum und schafft Freiraum für Neues. Auf den architektonischen Raum übertragen, befreit sie den Menschen, der sich in ihm aufhält, weil er sich keiner absoluten Ordnung fügen muss, und betont im Gegensatz zur Symmetrie mehr den Vorgang, durch den die Vollendung angestrebt wird, als die Vollendung selbst.

In der japanischen Tuschpinselzeichnung zeigt sich die Asymmetrie meist so, dass die Darstellung am Rande platziert ist und so in der Mitte ein Freiraum entsteht. Dieser verweist auf den spirituellen Zustand der geistigen Leere, in dem die intuitive Offenheit für eine umfassende und alles verschränkende Welterkenntnis entsteht.

016
017 Ein solcher Freiraum entsteht auch beim Erholungszentrum Yamagata Hawaii Dreamland des japanischen Metabolisten Kisho Kurokawa. Hier ist ein asymmetrischer Funktionsring um eine öffentliche Wasser- und Spielfläche gelegt. Dieser Entwurf diente als Modell für eine Stadt, bei der mehrere solcher Ringe so aneinander addiert werden sollten, dass die gesamte Erschließung und Infrastruktur in ihren Zwischenräumen angesiedelt werden konnte und so im Zentrum Platz für einen kreativen Freiraum entstand.

Die Kultur des Unvollendeten, des in Veränderung Begriffenen, wird im ästhetischen Konzept des *Wabi-Sabi* formuliert, erstmals so benannt im 16. Jahrhundert durch den Teemeister Sen-no Rikyu.

Die Begriffe *wabi* und *sabi* sind eng miteinander verknüpft. *Wabi* bezeichnet eine transzendente Ab-

can be further developed anywhere, depending on where it is needed. Even the freedom of the human intellect is only given when thoughts can extend in every direction without limitation. In this way, asymmetry corresponds to the human and natural striving for growth and creates space for something new. Applied to architectural space, it releases the individual who is in that space because he does not have to subject himself to an absolute order. Unlike symmetry, asymmetry tends to emphasise the process of striving towards completion, rather than completion itself.

In Japanese ink drawing, the asymmetry that emerges most strongly from the illustrations is placed on the periphery, so that a free space is created in the middle. This alludes to the spiritual state of emptiness, where intuitive openness to encompassing and all-inclusive knowledge of the world is created.

This kind of freedom is also created at the re- 016
sort centre Yamagata Hawaii Dreamland, de- 017
signed by Kisho Kurokawa, the Japanese metabolist. Here, an asymmetrical functional ring is placed around a public water and play area. This design served as a model for a city where several similar rings were to be joined together so that the entire facility and infrastructure between the rings could be occupied, thus making a location for a creative open space at the centre.

EINLEITUNG_INTRODUCTION

gelöstheit, die durch das unvermutete Weglassen von Elementen entsteht. Diese offensichtlichen „Lücken" sollen den Betrachter dazu anregen, sich geistig zu öffnen und das Fehlende vor dem inneren Auge zu ergänzen. Schönheit in unvollkommenen Formen zu verkörpern, ist einer der wichtigsten Kunstgriffe japanischer Ästhetik. *Wabi* bedeutet aber auch „Armut" bzw. „nicht der maßgebenden Gesellschaft angehörend". Das heißt, unabhängig von weltlichen Dingen wie Reichtum, Macht, Ruhm zu sein und höhere Zusammenhänge zu empfinden, jenseits von Gegenwart und gesellschaftlicher Stellung. Daisetz Teitaro Suzuki beschreibt in *Zen und die Kultur Japans*, was eine solche geistige Einstellung auf das praktische Leben bezogen bedeuten könnte: zufrieden in einer kleinen Hütte zu leben, selbst gesammelte Blätter und Wurzeln zu essen und dabei den sanften Tropfen des Frühlingsregens zu lauschen. Selbst im intellektuellen Leben wird weder Ideenreichtum gesucht noch die Fähigkeit, Gedanken methodisch zu Systemen zu fügen, sondern angestrebt wird, sich mit stiller Kontemplation der Natur zu bescheiden und einen vertrauten Umgang mit der Welt zu pflegen.

Sabi meint eine Art „stille Autorität", ein bescheidenes Auftreten ohne Züge von Überheblichkeit. Die innere Verwandtschaft des *Sabi* zum Zen-Buddhismus zeigt sich in den Bedeutungsaspekten „Einsamkeit" oder „wehmütige Traurigkeit".

Wabi-Sabi lädt dazu ein, die kleinen Dinge neu zu entdecken und die Harmonie des Unscheinbaren in der Natur zu empfinden. Gerade die Nicht-Perfektion gewinnt eine neue Bedeutung und wird zur Grundlage eines individuellen Schönheitsideals. Ganz besonders deutlich wird dieses Prinzip in der traditionellen Anlage des Teeraums und an den Gerätschaften, die in ihm gebraucht werden. Der Kulturwissenschaftler Kakuzo Okakura [1863–1919] beschreibt die Wesensmerkmale dieses Raumes in *Das Buch vom Tee* mit den folgenden Worten:

DER TEERAUM [...] IST STÄTTE DER PHANTASIE INSOFERN, ALS ER ERRICHTET WIRD, EINE VORÜBERGEHENDE HEIMSTATT DICHTERISCHEN GEFÜHLS ZU SEIN. ER IST STÄTTE DER LEERE, INSOFERN ER OHNE JEDEN SCHMUCK IST,

The culture of the unfinished, of things in the process of change is formulated in the aesthetic concept of *wabi-sabi*, first described as such in the 16th century by the Tea Master Sen-no Rikyu.

The concepts *wabi* and *sabi* are intimately linked. *Wabi* describes a transcendent detachment, which emerges through the unconscious omission of certain elements. These obvious "omissions" are supposed to motivate the spectator to open himself intellectually and to add what is missing in his mind's eye. One of the most important artistic flourishes of Japanese aesthetics is to embody beauty in imperfect forms. But *wabi* also means "poverty", or "not belonging to influential society". That means being independent of worldly things like richness, power, fame and sensing higher connections beyond the present and social standing. In *Zen and Japanese Culture*, Daisetz Suzuki describes what this sort of intellectual attitude to practical life could mean: to be satisfied with a little hut and with a dish of vegetables from the neighboring fields and perhaps to be listening to the pattering of a gentle spring rainfall. Even in the intellectual life, no richness of ideas, not brilliancy or solemnity in marshalling thoughts and building up a philosophical system is sought; but just to stay quietly content with the mystical contemplation of nature and to feel at home with the world.

Sabi means a kind of "silent authority", a modest appearance without traces of arrogance. The inner relationship of *sabi* to Zen Buddhism is revealed in the concepts of meaning of "solitude" or "melancholy sadness".

Wabi-sabi is an invitation to rediscover the small things and to sense the harmony of the inconspicuous in nature. It is precisely imperfection that gains a new meaning and becomes the basis of an individual ideal of beauty. This principle is especially evident in the traditional facility of the tearoom and in the utensils that are used in it. The cultural scientist Kakuzo Okakura [1863–1919] describes the essential

MIT AUSNAHMEN DER WENIGEN DINGE, DIE GEBRAUCHT WERDEN, UM EIN ÄSTHETISCHES AUGENBLICKSBEDÜRFNIS ZU BEFRIEDIGEN. ER IST STÄTTE DES UNSYMMETRISCHEN INSOFERN, ALS ER DER VEREHRUNG DES UNVOLLKOMMENEN GEWEIHT IST, WOBEI MIT VORSATZ ETWAS UNVOLLKOMMEN GELASSEN WURDE, UM IM SPIEL DER PHANTASIE VOLLENDET ZU WERDEN.

IM TEERAUM IST ES JEDEM GAST ÜBERLASSEN, IN DER PHANTASIE DIE GESAMTE WIRKUNG IN IHRER BEZIEHUNG ZU SEINEM ICH ZU VOLLENDEN.

Der hohe Stellenwert, den der ständige Wandel in der japanischen Philosophie und Ästhetik einnimmt, schlägt sich in der Vorstellung nieder, als Mensch nur Gast auf der Erde zu sein. Das Wissen, dass alle natürlichen Verbindungen zeitlich begrenzt sind, ist fest im kulturellen Bewusstsein verankert. Dies äußert sich deutlich in der traditionellen japanischen Baukultur. Die Gebäude haben alle einen temporären Charakter: Sie sind punktuell aufgesetzt, um den Boden möglichst wenig zu beeinträchtigen und auch die Verbindungen sind nur lose gesteckt oder gebunden. Selbst das höchste shintoistische Heiligtum Japans, der Ise-Schrein, ist nicht für die Ewigkeit gebaut. Er wird alle 20 Jahre abgebrannt und im gleichen Stil wieder aufgebaut.

Kisho Kurokawa drückt auch diesen Gedanken großmaßstäblich in seinem Entwurf einer landwirtschaftlichen Stadt aus. Hier ist die gesamte Infrastruktur einer Stadt vom Grund abgestelzt, so dass die Agrarflächen darunter durchgehen können und die Stadt zudem einen größtmöglichen Hochwasserschutz gewährleistet.

Der Architekturtheoretiker und Japanologe Günther Nitschke betont, dass es in Japan einen eindeutigen und klar erkennbaren Bezug zwischen Verbindungen und Bauwerk sowie zwischen Bauwerk und kosmologischem Glauben gibt und dass in diesem Zusammenhang das Bauen im Hinblick auf die menschliche Evolution sogar einen höheren Stellenwert als die Religion einnimmt. Er argumentiert, dass im Altjapanischen ein und dasselbe Wort

features of this room in *The Book of Tea* as follows:

THE TEA-ROOM IS AN ABODE OF FANCY INASMUCH AS IT IS AN EPHEMERAL STRUCTURE BUILT TO HOUSE A POETIC IMPULSE. IT IS AN ABODE OF VACANCY INASMUCH AS IT IS DEVOID OF ORNAMENTATION EXCEPT FOR WHAT MAY BE PLACED IN IT TO SATISFY SOME AESTHETIC NEED OF THE MOMENT. IT IS AN ABODE OF THE UNSYMMETRICAL INASMUCH AS IT IS CONSECRATED TO THE WORSHIP OF IMPERFECTION, PURPOSELY LEAVING SOMETHING UNFINISHED FOR THE PLAY OF IMAGINATION TO COMPLETE.

IN THE TEAROOM EVERY GUEST IS FREE TO COMPLETE IN HIS IMAGINATION THE ENTIRE EFFECT IN ITS RELATIONSHIP TO THE SELF.

The high value attached to constant change in Japanese philosophy and aesthetics is expressed in the idea that man is only a guest on earth. The knowledge that all natural connections are temporally limited is firmly anchored in cultural consciousness. This is clearly expressed in traditional Japanese architectural culture. The buildings all have a temporary character: they are temporarily erected, so as to interfere as little as possible with the ground; and the connections are also only loosely pinned or bound. Even the highest Shinto holiness of Japan, the Ise shrine in the Mie prefecture, is not built for eternity. It is burned down every twenty years and reconstructed again in the same style.

Kisho Kurokawa also expresses this idea on a large scale in his design for an agricultural city. Here, a city's entire infrastructure is detached from ground level, so that the agricultural areas can continue beneath and, additionally, provide the city with a guarantee for the greatest possible flood protection.

The architectural theorist and Japan expert Günther Nitschke emphasises that in Japan there is an evident and clearly recognizable

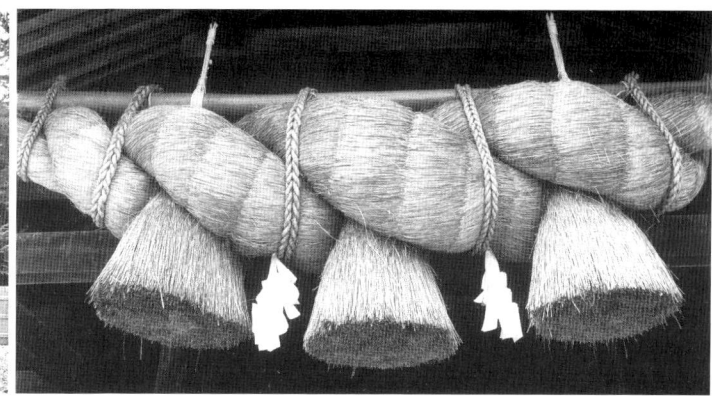

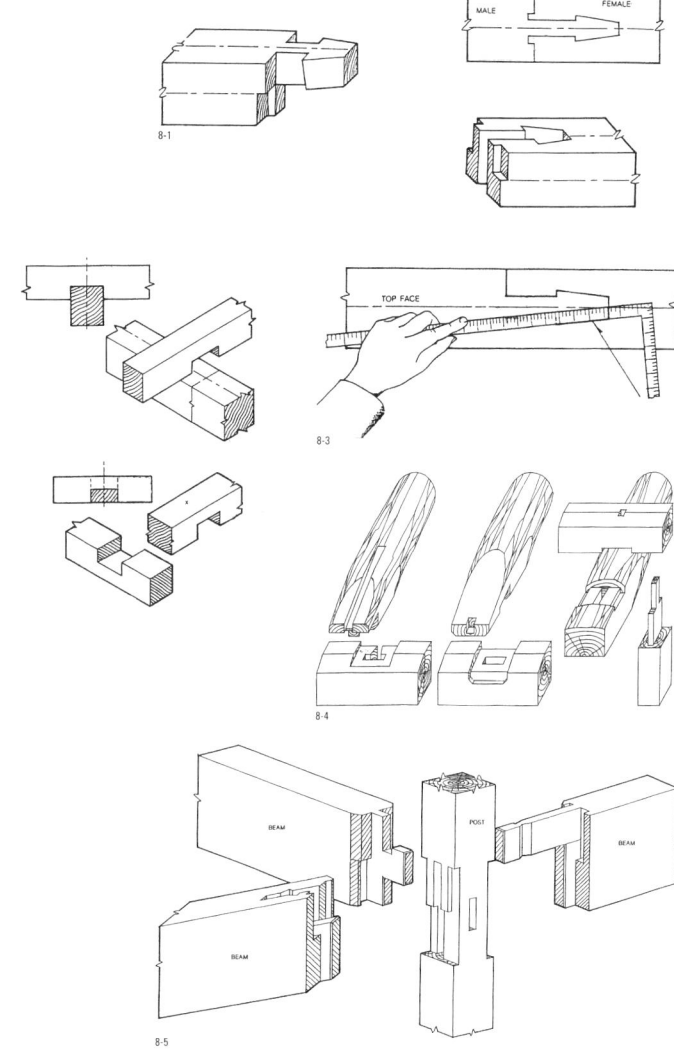

018   Ise-Schrein, Mie, 4. Jh.
Ise shrine, Mie, 4th century

019   Shintoschnur
Shinto thread

020   Steckverbindungen japanischer Holzkonstruktionen
Plug connections used in Japanese wood constructions   020

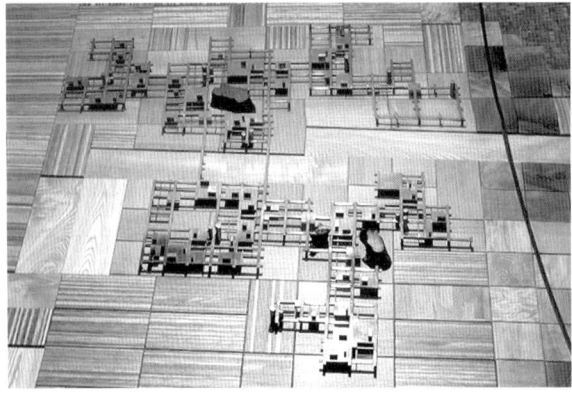

021 Kisho Kurokawa, Plan einer landwirtschaftlichen Stadt, 1960
Kisho Kurokawa, plan of an agricultural city, 1960

für „Verbinden" und „Einzäunen einer Heiligen Stätte" verwendet wurde und dass Götter der Verbindung die ältesten Götter japanischer Mythen sind. Die Tradition der losen Verbindungen setzt sich tatsächlich von den frühesten archäologisch rekonstruierten Funden bis zu heutigen Bauten im traditionellen Stil fort.

Nitschke macht deutlich, dass Verbindung und Auflösung in der japanischen Baukultur kosmologisch und ambivalent mit dem Prozess der Weltentstehung, dem Verfall und der Erneuerung verknüpft sind. Er setzt den Ursprung des Wortes *musubu* [verbinden] nicht nur in Zusammenhang mit *musubi* [Knoten], sondern auch mit *musa* [Wachsen].

Daisetz Teitaro Suzuki erläutert die philosophischen Hintergründe dieses Konzepts in *Zen und die Kultur Japans*:

DIE NATUR IST STETS IN BEWEGUNG, SIE STEHT NIEMALS STILL, WER DIE NATUR LIEBEN WILL, MUSS SIE IN BEWEGUNG ERGREIFEN UND SO AUCH IHRES ÄSTHETISCHEN WERTES HABHAFT WERDEN. WER NACH STILLE STREBT, DER TÖTET DIE NATUR, HÄLT IHREN HERZSCHLAG AN UND UMARMT DANN EINE LEICHE. DIE ADVOKATEN DER STILLE SIND ABSTRAKTION UND TODESANBETER. HIER GIBT ES NICHTS, WAS MAN LIEBEN KÖNNTE.

Bezieht man Suzukis Worte auf die westliche Vorstellung von Harmonie, so wird deutlich, warum die rein geometrische Konzeption eine so große Beschränkung darstellt. Das Lebendige ist der perma-

relationship between connections and construction and also between construction and cosmological belief. Moreover, in this context, building has an even higher value than religion in respect of human evolution. He argues that one and the same word was used in ancient Japanese for "connect" and "fencing in a holy site" and that gods of connection are the most ancient gods in Japanese myths. The tradition of loose connections actually continues from the earliest archaeologically reconstructed finds to today's buildings in traditional style.

Nitschke makes it clear that connecting and breaking off in Japanese architectural culture is cosmologically and ambivalently related to the process of the world's creation, decline and renewal. He places the origin of the word *musubu* [connect] not only in relation to *musubi* [knot], but also to *musa* [growth].

Daisetz Teitaro Suzuki explains the philosophical background of this concept in *Zen and Japanese Culture*:

NATURE IS ALWAYS IN MOTION, NEVER AT A STANDSTILL; IF NATURE IS TO BE LOVED, IT MUST BE CAUGHT WHILE MOVING AND IN THIS WAY ITS AESTHETIC VALUE MUST BE APPRAISED. TO SEEK TRANQUILITY IS TO KILL NATURE, TO STOP ITS PULSATION, AND TO EMBRACE THE DEAD CORPSE THAT IS LEFT BEHIND. ADVOCATES OF TRANQUILITY ARE WORSHIPPERS OF ABSTRACTION AND DEATH. THERE IS NOTHING IN THIS TO LOVE.

nente Wandel, der mit einer rationalistischen, starren Konzeption nicht gefasst werden kann. Die japanische Architektur stellt ein deutlich feineres Bezugssystem zur Verfügung, das jedoch nur bruchstückhaft schriftlich formuliert ist und dem hier nachgespürt werden soll.

Wie bereits erwähnt, finden sich in der Architektur der Gotik und im Barock Versuche, eine Transzendenz zu erlangen. In der japanischen Ästhetik ist diese Transzendenz jedoch immer präsent, denn in ihr manifestiert sich die Vorstellung allumfassender Ganzheit – vom Kosmos bis in die kleinsten Dinge. Im Westen sind in den Sakral- und Feudalbauten die höchsten baulichen Raffinessen zu finden, in Japan dagegen besinnt man sich auf die grundlegendsten Bestandteile und so erkennt man an diesen immer das Vorbild des Bauernhauses. Es gibt keine Trennung zwischen sakral und profan, wodurch das Spirituelle auch in den einfachsten Dingen des Lebens für jedermann präsent ist. Es verkörpert die Besinnung auf das Wesentliche und das Leben mit dem Wandel der Natur, und eben dies stellt in der japanischen Kultur den höchsten Wert dar. Das Paradies ist für jeden erreichbar und nicht nur von Auserwählten zu erlangen. Eine solche Geisteshaltung impliziert einen Schönheitsbegriff, der das Kleine, Unscheinbare wertschätzt, stets das Naheliegende sucht und nicht das Unerreichbare idealisiert.

Was kann uns die traditionelle Architektur Japans mit ihrem engen Verhältnis zur Natur lehren? Und welche Bedeutung hat die uralte Philosophie der „Leere" für die westliche Welt im 21. Jahrhundert? Auf dem Weg zu einer nachhaltigen Entwicklung steht die Menschheit vor einem unlösbar scheinenden Dilemma: Die durch die Globalisierung der Märkte ausgelöste Dynamik des Wirtschaftswachstums ist mit einem zunehmenden Verbrauch der begrenzten Naturressourcen verbunden und führt nicht zu einer allgemeinen Wohlstandsmehrung, sondern eher zur Vertiefung der Kluft zwischen Arm und Reich.

Erstmalig in der Geschichte der Menschheit scheint uns bewusst zu sein, dass alles was wir tun, Auswirkungen auf die ganze Welt hat. Bei aller Ver-

If we relate Suzuki's words to the western idea of harmony, it becomes clear why the purely geometrical conception represents such a great constraint. Vitality is permanent change, which cannot be described by a rationalistic, static idea. Japanese architecture represents a much subtler system of references, although it is only expressed in fragmentary written form, which will be explored here.

As already mentioned, in Gothic architecture and in the Baroque period there were attempts to achieve transcendence. This transcendence is always present in Japanese aesthetics, because the idea of an all-encompassing whole manifests itself in it – from the cosmos to the smallest things. In the west, the most subtle architecture is to be found in sacred and feudal buildings, whereas in Japan, by contrast, the most fundamental elements come into focus. Accordingly, on the basis of such elements we can always recognise the model of the farmhouse. There is no distinction between the sacred and profane, which is how the spiritual dimension is also present for everyone in the plainest things of life. It embodies reflection on the essentials and on life with the transformation of nature. This is precisely what represents the highest value in Japanese culture. Everyone can reach paradise, not just a chosen few. This attitude also implies an idea of beauty, which values the small and inconspicuous and always searches for the closest thing without idealising what is unattainable.

What can the traditional architecture of Japan with its intimate relationship to nature teach us? What meaning does the ancient philosophy of "emptiness" have for the western world in the 21st century? On the path to continuing development, humanity is faced with a dilemma: the dynamics of economic growth, which was caused by the globalisation of markets, is linked to an increasing consumption of nature's limited resources and does not lead to an overall increase of wealth, but to a widening gap between rich and poor.

schiedenheit der Weltbilder ist die Existenz eines globalen Gesamtzusammenhanges ein Faktum, vor dem niemand die Augen verschließen kann – und darf. Und es sollte Teil der kulturellen Aufgabe der Architektur sein, diese Zusammenhänge darzustellen. Natürlich werden Menschen immer von ihrer Gegenwart geprägt wie auch von den jeweiligen Anschauungen und Moden. Es gibt jedoch ewige, immer gleiche Fragen, die je nach Zeit verschieden behandelt oder auch ignoriert werden. Werden diese Probleme jedoch verdrängt, ist die Folge bei vielen Menschen ein unergründliches Unbehagen, ein Gefühl der Entwurzelung. So manch einer sucht dann Zuflucht beim Althergebrachten, scheinbar Bewährten, weil er hier die Sicherheit zu finden hofft, die er in der Gegenwart vermisst. Wer aber nicht erkennt, warum er im Überlieferten Halt findet, der kann es auch nicht auf sein eigenes Leben übertragen und bleibt in rückwärts gewandtem Formalismus stecken. Das Überlieferte wird dann zum reinen Abbild, das, weil es sinnentleert ist, keine Funktion mehr hat.

Es existiert gegenwärtig in der Vielfalt der freien Gesellschaft kein einheitliches Weltbild mehr und deshalb auch keine verallgemeinerbare Architektursprache. Dies ist ganz natürlich, denn in der Natur gibt es ebenso den Gegebenheiten und der Zeit angepasste Lebensformen, die nicht übertragbar sind. Es geht in der Architektur jedoch letztlich immer um dasselbe: die Verbindung des Menschen mit der Natur. Es geht darum, eine Geisteshaltung zu entwickeln, die keine Grenzen zwischen innen und außen mehr kennt. Im dynamischen Miteinander der Gegensätze ist immer das eine im anderen enthalten. Es gibt keine Trennung.

Der amerikanische Architekt und Japankenner Frank Lloyd Wright war zutiefst davon überzeugt, dass das persönliche spirituelle und körperliche Wohlergehen eines Menschen in dem Maße zunehme, in dem er sich mit der Natur assoziiere. 1957 fasste Wright in seinem Aufsatz *Ein Testament* seine Motivation zusammen:

For the first time in the history of mankind, we are gradually growing aware of the fact that whatever we do has an impact on the entire world. Despite all of the different images of the world, it is a fact that there is an overall global connection, which nobody can close their eyes to, nor should they. Moreover, the representation of this connection should be part of architecture's cultural task. Of course, people are always influenced by what is contemporary and also by related views and fashions. However, there are eternal questions that always remain the same and that are treated differently according to the time, or else they are ignored. But if these problems are suppressed, the result for many people is an unfounded sense of discomfort, a feeling of being uprooted. Many people then seek refuge in old customs, in what seems to have been preserved, because they hope to find the security here that they are lacking in the present. Anyone who does not recognise why he finds security in tradition cannot appropriate it in his own life. Moreover, he remains trapped in backwards-looking formalism. Tradition then becomes a pure copy, which no longer has any purpose, because it is devoid of meaning.

Today, in the diversity of free society there is no longer any unified world image and therefore nor is there an architectural language that could be generalised. This is quite a natural situation, as there are also life forms in nature, which are adapted to the conditions and to time and they are non-transferable. However, in architecture, the focus is ultimately always on the same thing: the connection of man with nature. It is about developing an attitude that no longer recognises a distinction between inside and outside. One thing is always contained in the other in the dynamic melting pot of contrasts. There is no separation.

The American architect and Japan expert, Frank Lloyd Wright, was deeply convinced by the fact

ICH HABE MICH STÄNDIG AUF EINE HUMANERE ARCHITEKTUR BEZOGEN UND MÖCHTE DAHER VERSUCHEN ZU ERKLÄREN, WAS ICH ALS ARCHITEKT UNTER MENSCHLICH VERSTEHE. […] MENSCHLICHE PHANTASIE WIRD DURCH INNERES LICHT GEBOREN. […] ES GIBT NICHTS HÖHERES IM MENSCHLICHEN BEWUSSTSEIN ALS STRAHLEN DIESES INNEREN LICHTES. WIR NENNEN SIE SCHÖNHEIT.

DIESES INNERE LICHT BÜRGT DAFÜR, DASS DES MENSCHEN ARCHITEKTUR, KUNST UND RELIGION EINS SIND – SEINE SYMBOLE. DAHER KÖNNEN WIR DIE HUMANITÄT SELBST ALS LICHT BEZEICHNEN, DAS NIE VERLÖSCHT. ES GIBT KEIN KOSTBARERES ELEMENT DER UNSTERBLICHKEIT ALS DERARTIG HUMANE MENSCHLICHKEIT. […]

Das Bewusstsein eines großen, allumfassenden Zusammenhangs muss auf möglichst vielen Ebenen unserer Wahrnehmung erfahrbar werden, damit wir es am Leben erhalten können. Doch zunächst einmal ist es wichtig, dass dieser Zusammenhang überhaupt wahrgenommen wird. Wie dies in der Architektur möglich ist, soll in diesem Buch gezeigt werden. Die Auswahl – ausgehend vom traditionellen japanischen Haus, Bauten von Frank Lloyd Wright, Mies van der Rohe und Alvar Aalto und ergänzt mit zeitgenössischen Beispielen von Rem Koolhaas, Herzog & de Meuron, Peter Zumthor, Kazuyo Sejima, Ryue Nishizawa und vielen anderen – soll zeigen, wie gleiche Gedankeninhalte an verschiedenen Bauaufgaben zu verschiedenen Zeiten und an unterschiedlichen Orten jeweils umsetzbar sind. Sie stellt nichts weiter dar als eine Momentaufnahme und ist von jedem überall erweiterbar.

that an individual's personal, spiritual and physical well-being increases in proportion to his association with nature. In 1957, Wright summarised his motivation in his essay entitled *A Testament*:

I HAVE CONSTANTLY REFERRED TO A MORE HUMAN ARCHITECTURE AND THEREFORE I WOULD LIKE TO TRY TO EXPLAIN WHAT, AS AN ARCHITECT, I UNDERSTAND BY HUMAN … HUMAN FANTASY IS BORN BY AN INNER LIGHT … THERE IS NOTHING HIGHER IN HUMAN CONSCIOUSNESS THAN THE GLOWING OF THIS INNER LIGHT. WE CALL IT BEAUTY.

THIS INNER LIGHT GUARANTEES THAT MAN'S ARCHITECTURE, ART AND RELIGION ARE ONE – AS HIS SYMBOLS. THUS, WE CAN DESCRIBE HUMANITY ITSELF AS LIGHT, WHICH IS NEVER EXTINGUISHED. THERE IS NO MORE PRECIOUS ELEMENT OF ETERNAL LIFE THAN SUCH HUMANE HUMANITY …

The consciousness of a great, all-encompassing connection must be potentially experienced on as many different levels of our perception as possible, in order that we can preserve its vitality. But first it is important that this connection is noticed at all. This book is to show how this can be possible in architecture. The selection begins with the traditional Japanese house, buildings by Frank Lloyd Wright, Mies van der Rohe and Alvar Aalto and is supplemented with contemporary examples by Rem Koolhaas, Herzog & de Meuron, Peter Zumthor, Kazuyo Sejima and Ryue Nishizawa and many others. It is to show how the same thought contents in different building commissions are translatable at different times and in different places. It represents nothing more than a snapshot and can be extended at any time and by anyone in any place.

ARCHITEKTUR UND NATUR   **ARCHITECTURE AND NATURE**

Die Natur ist voller unterschiedlicher Formen, Farben, Materialien, Größen, und all dem kann die Architektur durch ihre Konstruktionsweise und durch die Verwendung von fragmentarischen oder wandelbaren Elementen eine Entsprechung bieten.

Wenn ihr dies gelingen soll, muss sie die zwei Grundprinzipien des menschlichen Geistes beachten: das intuitive ganzheitliche Erfassen und das rationale Auswerten. Die instinktive Wahrnehmung geht der intellektuellen immer voraus. Sie ist unabhängig von Bildung und Intelligenz sowie in ihrer unmittelbaren Wirkung eminent wichtig für die Architektur.

Ein vielschichtiges Bezugssystem erhöht die Wahrscheinlichkeit, die Einheit der Natur zu erkennen und sich als ein Teil derselben zu empfinden. Wir finden in ihr die unterschiedlichsten Formen; trotzdem überwiegt in der traditionellen Architektur das Orthogonale. Eine festgelegte Bedeutung der Formen, herkömmliche Techniken sowie eine starre industrielle Fertigung ließen nicht viel Spielraum zu. Aber die Möglichkeiten werden vielseitiger. Mit der Entwicklung der Bautechnik besteht eine sichtbare Chance für eine Befreiung der Gebäudeformen. Schon heute lässt sich erkennen, dass die Architektur ihre feste Symbolik überwindet und durch Form und Struktur eine neue Naturnähe erzielt.

Denn auch über die Konstruktion können Entsprechungen zur Natur erreicht werden. Die natürlichen Erscheinungsformen der Pflanzen- und Tierwelt sind von höchster Effizienz, Stabilität und Eleganz; da sie mit den heutigen technischen Möglichkeiten in allen Materialien nachbildbar sind, bieten sich uns unzählige Bezugsmöglichkeiten.

Vor allem die Vielfalt der Größen sollte sich möglichst auch in den Bauten wieder finden, damit sie dem Gleichgewicht der Umgebung entsprechen

Nature is full of different forms, colours, materials and sizes and, because of its structure and its use of fragmentary or changeable elements; architecture can offer a corresponding form to all this rich variety.

If architecture is to succeed in reflecting this, it has to respect two basic principles of the human intellect: namely, intuitive, holistic comprehension and rational evaluation. Instinctive perception is always ahead of the intellectual process. It is independent of education and intelligence and – thanks to its immediate impact – extremely important for architecture.

A multi-layered system of references increases the probability of recognising the unity of nature and feeling one is an integral part of it. We find the most diverse forms in nature, and yet in traditional architecture the orthogonal form is paramount. A predetermined formal meaning, conventional techniques and a rigid pattern of industrial production left little room for manoeuvre. However, the possibilities are becoming more diverse. With the development of construction technique, a clear opportunity exists to liberate building shapes. Today, we can already see that architecture is overcoming its fixed symbolism and aiming for a new closeness to nature through form and structure.

Parallels to nature can also be achieved by construction. The natural forms of plants and the animal world are highly efficient, stable and elegant and since current technical possibilities in all materials enable us to reproduce these forms, they offer us countless reference opportunities.

The variety of – above all – dimensions should also be reflected as far as possible in the build-

und der Mensch in harmonischer Balance Gebäude und Umfeld wahrnehmen kann. Wenn die Außenform eines Bauwerkes kleinere Bezugsgrößen – wie das menschliche Körpermaß oder auch pflanzliche Größenverhältnisse – umfasst, ist das Haus in die Umgebung integriert, da es eine Verbindung zu den vielfältigen Maßstäben der Natur schafft.

Lassen sich in großen Formen keine detaillierten Strukturen finden, wirken sie monumental, ja erschlagend. In der Architektur von Diktaturen wurde und wird dies bewusst eingesetzt, um dem Betrachter die Bedeutungslosigkeit des Einzelnen vor Augen zu führen. Diese Monumente wirken regelrecht bedrohlich, denn sie sind jeglicher natürlichen Grundlage enthoben. Unabhängig von der Gesamtgröße des Bauwerkes lässt sich durch eine genaue Detaillierung immer eine Entsprechung zur Natur erreichen.

Das japanische Haus bietet unzählige Verweise auf die Natur: Die feinen Fensterstreben erinnern an kleine Zweige, das schilfgedeckte Dach an Gras, die Holzbalken an Baumstämme und die Steinsockel an Steine in der Umgebung. Das Haus selbst weist in seiner äußeren Form auf die Hügel hin. Alles, das Ganze und die Details, spiegelt die natürliche Umgebung wider.

Aber nicht nur über die Größenverhältnisse lässt sich ein Bezug von Architektur und Natur herstellen: Auch die unendliche Vielfalt der natürlichen Farben, bietet unerschöpfliche Möglichkeiten der architektonischen Gestaltung: Zunächst sollte man sich der spezifischen farblichen Wirkung bewusst sein. Wenn sie der Kolorierung der Umgebung ent-

ings' construction, so that they are in harmony with their surroundings; and humans can observe both building and environment in harmonious balance. If the external form of a building also relates to smaller-scale dimensions, such as the size of a human body, for instance, or the proportions of plant-life, the house will be integrated into its surroundings, since it creates a connection to the diverse measurements of nature.

If no detailed structures can be detected in large-scale forms, their effect can range from monumental to overwhelming. This effect was – and still is – deliberately used in "totalitarian architecture", in order to show the spectator the individual's insignificance. These monuments appear downright threatening, since they lack any sort of natural equivalence. Independently of a given structure's overall scale, it is always possible to relate to nature through precise detailing.

The Japanese house offers scores of references to nature: the fine window bars are reminiscent of small branches, the reed-covered roof of grass, the wooden beams of tree trunks and the stone lower section of stones in the surroundings. In external form the house is reminiscent of the hills. Everything about it – the overall structure and the details – reflects the natural surroundings.

That said, it is not only the proportions that relate architecture to nature; the endless variety of natural colours also offers inexhaustible

spricht, hat sie einen tarnenden Effekt. Sie kann aber auch eine Signalwirkung haben, wenn sie konträr zu den umgebenden Farben gewählt wurde. Hat ein Haus eine Farbe, die in der Natur nicht oder nur sehr selten vorkommt, wirkt es als Gegensatz und Fremdkörper.

Heute werden viele Gebäude farblich sehr auffällig gestaltet. Ob der Grund hierfür im Wunsch nach einem belebten Stadtbild oder in der Eitelkeit des Bauherrn zu suchen ist, wollen wir an dieser Stelle nicht klären. In jedem Fall wirken sie leicht zu grell; auf großen Flächen sollten die Farben deutlich stärker abgemildert werden als auf kleineren. Man kann auch in der Natur beobachten, dass große Flächen dezentere Farben haben und eher durch ihre Größe auffallen. Im Gegensatz dazu können kleinere Flächen oftmals nur durch ihre Farbigkeit hervorstechen. Die zum Teil außergewöhnliche Farbenpracht von Blumen beispielsweise ist für ihren Fortbestand lebensnotwendig.

Die Farben Weiß und Schwarz wirken zunächst neutral auf den Menschen. In ihren Grauabstufungen aber erzeugen sie eine Stimmung: hell wirkt heiter und dunkel eher trist. Die Farben Blau und Grün wirken kalt; Rot und Gelb erzielen einen warmen Effekt. Schon geringe Farbanteile können diese Wirkungen hervorrufen. Bei einer bewussten Verwendung können so Kontraste oder auch Beziehungen zwischen den Dingen geschaffen werden.

Um eine harmonische Wirkung zu erzielen, empfiehlt es sich, auch die temporären Lichtverhältnisse in die Planung mit einzubeziehen. Die verschiedenen Tages- und Jahreszeiten haben ihre eigene spezifische Farbwelt, die sich an einem in naturanalogen Tönen gestrichenen Haus reizvoll entfalten kann. Zudem ändert sich im Verlauf der Tages- und Jahreszeiten die Richtung des Lichts. Eine genau konzipierte, farblich und formal reduzierte Architektur kann auch dem Rechnung tragen.

Über natürliche Materialien wird ein direkter Bezug zur Landschaft und zum menschlichen Körper hergestellt. Auch die Alterungsprozesse spielen dabei

possibilities for architectural design. First, when applying it, one must be aware of the colours' specific effect. If the building relates to the colours of its surroundings, this will have a camouflaging effect. But it could also stand out, if the chosen colour differs greatly from those surrounding it. If a house has a colour that does not exist – or only occasionally – in nature, it acts as a contrast and a foreign body. Nowadays, many buildings are designed in very striking colours. At this point we do not intend to clarify whether the reason for this is a desire for a vibrant cityscape, or the builder's vanity. In every case, the colours can easily appear garish; on large surfaces, the colours should be much more visibly toned down than on smaller surfaces. In nature, too, we can also see that larger areas have more discreet colours and are more likely to be striking because of their size. By contrast, smaller surfaces can often stand out only because of their colour intensity. The often magnificent colours of flowers, for instance, are also vital for their survival.

To start with, the colours white and black have a neutral impact on humans. Seen in grey, however, they do create an atmosphere: light tones appear cheerful and dark ones seem rather sombre. Blue and green appear cold, whereas red and yellow produce a warm effect. Even small components of colour can produce these effects. Used deliberately, they can create contrasts – or also relationships – between things. To create a harmonious effect, it is advisable to integrate temporary light conditions into the design, as well. Different times of day and the seasons have their own specific world of colour, which can be charmingly revealed on a house that is painted in tones that are analogous to nature. Additionally, during the course of a day and from one season to another, the direction of light also changes. Architecture that has been precisely designed and is re-

025 027 028

026

029

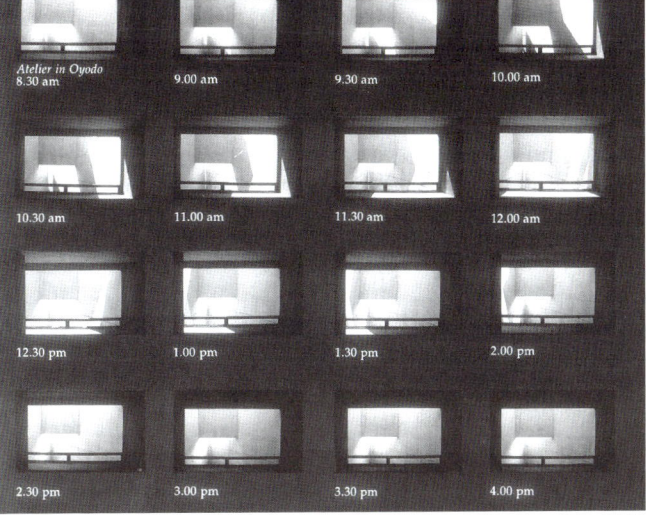

025   Lotusblume, Durchmesser ca. 10 cm, gesättigtes Rot
Lotus flower, object diameter, approx. 10 cm, saturated red

026   Wand am Ayers Rock, Australien [Ausschnitt],
Höhe ca. 100 m, ungesättigtes Rot
Ayers Rock, rock face, section height, approx. 100 m,
unsaturated red

027   Ayers Rock, Australien bei Sonnenaufgang
Ayers Rock, Australia, at sunrise

028   Ayers Rock, Australien an einem Regentag
Ayers Rock, Australia, on a rainy day

029   Tadao Ando, Atelier in Oyoda, 1981–82, Tageslichtsequenz
Tadao Ando, studio in Oyoda, 1981–82, daylight sequence

eine wichtige Rolle. Sie zeugen nicht nur vom steten Wechsel der Jahreszeiten, sondern auch vom immerwährenden Werden und Vergehen. Unsere Gegenwart versucht diese Realität allzu häufig zu verneinen. Und doch können wir nur durch die Annahme und das bewusste Leben mit dieser Tatsache zu innerer Ruhe kommen. Genau aus diesem Grunde ist es wichtig, von Materialien umgeben zu sein, die diesen Alterungsprozess zulassen und nicht von solchen, die ihm scheinbar nicht ausgesetzt sind. Denn so entsteht Achtung vor der Natur und das Bewusstsein für uns selbst – im anderen Fall wird all dies unterlaufen und zerstört.

Die Grenze zwischen natürlichen und unnatürlichen Materialien ist nicht immer klar zu ziehen. Verspiegelte Säulen zum Beispiel können die Wirkung des Hindurchfließens, der Verbindung und Verschmelzung mit der Landschaft, der Ambivalenz von Innen- und Außenraum verstärken.

Dennoch sollte das uns umgebende Material zum größten Teil natürlich sein, weil nur so die Tatsache, dass auch wir ein Teil der Natur sind, adäquat widergespiegelt werden kann. Denn die an unserer Haut sichtbaren Lebensspuren finden in natürlichen und künstlichen Stoffen verschiedene Entsprechungen.

Das Gefühl des Unbehagens, das uns in einer künstlichen Umgebung beschleicht, rührt daher, dass sich unsere äußere Wahrnehmung auf die innere Wahrnehmung überträgt. Wirft dieser „innere Spiegel" ein Zerrbild zurück, haben wir Schwierigkeiten, unseren Standort zu bestimmen.

Jedes einzelne Element der Natur ist gleichzeitig vollkommen und unvollkommen. Die Unzulänglichkeiten nötigen es zur Interaktion mit anderen Elementen, die zu einer Perfektion des Ganzen führen. Auch dies kann Vorbild für die Architektur sein. Denn eine gewisse Mangelhaftigkeit erzeugt eine offene Dynamik, aus der etwas Neues entstehen kann. Perfektion ist immer statisch.

Alle Erscheinungen der Natur sind absolut einmalig. Jeden Tag geht die Sonne unter und doch ist jeder Sonnenuntergang anders. In einer Apfelplan-

duced in terms of colour and formality can also take account of this.

A direct relationship to the landscape and human body is created through natural materials. Aging processes also play an important role here. They not only leave a record of the constantly changing seasons, but also of the continual process of development and decay. All too often, our present-day attempts to deny this reality. Yet we can attain inner peace only by accepting and consciously living with this fact. Precisely for this reason, it is important to be surrounded by materials that allow this aging process to proceed, and not by those that are apparently immune to it. In this way, respect for nature is also created as well as an awareness of ourselves. Otherwise, all of this is undermined and destroyed.

It is not always clear where to draw the line between natural and unnatural materials. Mirrored columns, for instance, can heighten the effect of flowing through, of connecting and merging with the landscape, of the ambivalence of inside and outside.

That said, the material surrounding us should be for the most part natural, because the fact that we are also part of nature can only be properly substantiated in this way. The visible traces of life on our skin have various equivalents in natural and artificial materials.

The feeling of discomfort that dogs our tracks in an artificial environment comes from the fact that our outer perception affects our inner perception. If this „inner mirror" throws back a distorted picture, we have problems determining our location.

Every single element in nature is both perfect and imperfect at the same time. The inadequacies make it necessary to interact with other elements, which lead to a perfection of the whole. This can also serve as a model for architecture, since a certain inadequacy will lead to an open dynamic, out of which something new

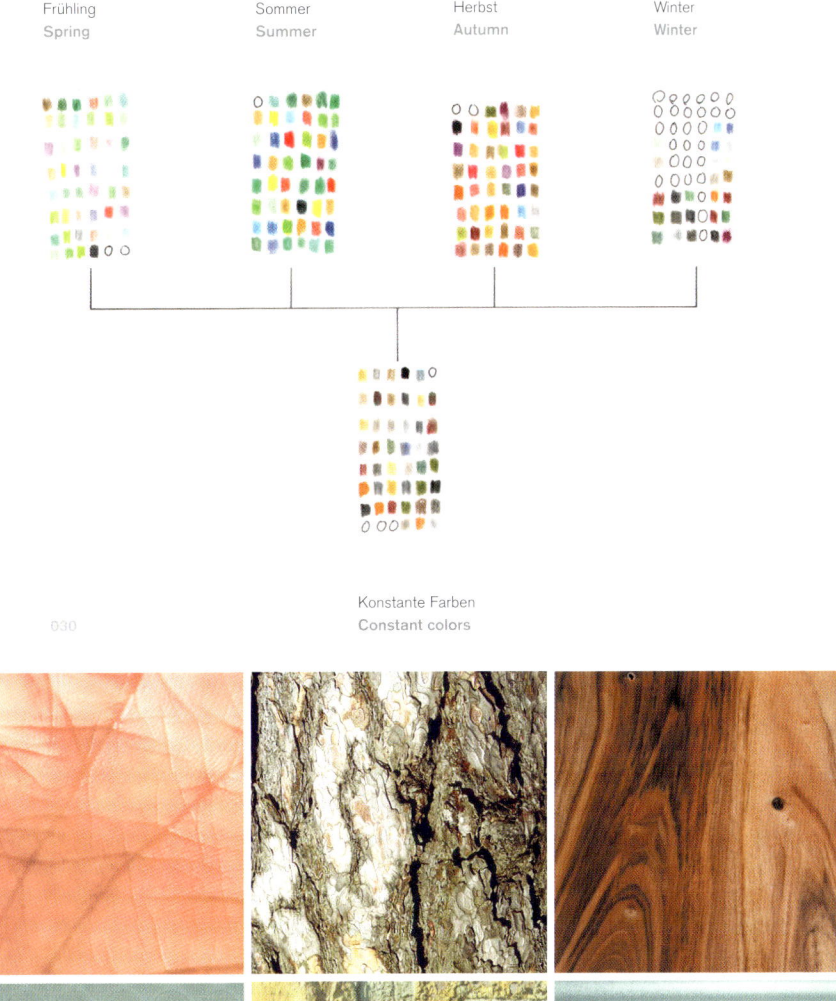

Frühling	Sommer	Herbst	Winter
Spring	Summer	Autumn	Winter

Konstante Farben
Constant colors

030 Farben im Verlauf der Jahreszeiten/konstante Farben
Colors in the course of the seasons/constant colors

031 Haut, Rinde, Nussholz, Fußbodenbelag aus Gummi, Rostendes Metall, Wellblech
Skin, tree-bark, nut wood, rubber floor-covering, rusting metal, corrugated iron

032 Stein im japanischen Garten
Stone in Japanese garden

033 Gartengestaltung einer Flusslandschaft
Garden design of a river landscape

034 First eines Schilfdaches
Ridge of a reed roof

tage können die Bäume nach festen Regeln ge-pflanzt sein, sie entwickeln dennoch immer ihre individuelle Form. Mit der Industrialisierung verbreitete sich die Verwendung genormter Größen. Aber in einer Architektur der Massenproduktion fühlt sich auch der Mensch als Massenware, weil er seine Individualität nicht widergespiegelt findet.

Ein Kompromiss zwischen Normung und gänzlich individuellen Eigenschaften findet sich in der traditionellen japanischen Modulbauweise. Sie bezieht sich zunächst auf das Maßsystem und das Material des Hauses, in ihrer völlig freien Anordnung kann sie aber auch die natürliche Vielfalt und Einzigartigkeit widerspiegeln.

In seiner orthogonalen Struktur steht auch das traditionelle japanische Haus zunächst im Widerspruch zur Natur und doch verweist es durch seine starke formale Reduzierung immer auch auf den landschaftlichen Reichtum. Die meisten Materialien sind natürlich und vielfältig, sie betonen so ihre Einzigartigkeit. Die Größen, Aufteilungen und Maßverhältnisse entsprechen denen des Menschen und der umliegenden Natur. Auch die Farben haben eine gedeckte Natürlichkeit, wodurch unsere Aufmerksamkeit auf das Schauspiel der Umgebung gelenkt wird.

033 Nicht nur das Haus, auch der Garten ist so angelegt, dass er immer ein Abbild der Natur ist. Alle
032 Bestandteile werden in ihren individuellen, auch unvollkommenen Eigenarten betont und kommen so perfekt zur Geltung.

can emerge. Pure perfection is always static. All natural appearances are absolutely unique. The sun sets every day – and yet every sunset is different. The trees in an apple plantation can be planted according to strict rules, but they always develop an individual form. The use of standard sizes spread with industrialisation. However, in mass-produced architecture, human beings also feel like a mass-produced article, because they do not find their individuality reflected.

Traditional Japanese module construction displays a compromise between standardisation and totally individual characteristics. Initially, this follows the same measurement system and raw-material used for the house; but in a totally free arrangement, it can also reflect natural diversity and uniqueness.

At first sight, the orthogonal structure of the Japanese house contradicts nature, and yet it always reflects the richness of the landscape due to its strong formal reduction. Most materials are natural and diverse, and thereby emphasise their uniqueness. The sizes, divisions and proportions correspond to those of humans and surrounding nature. Even the colours have a low-key natural character and therefore divert our attention to the drama of the surroundings.

Not only the house but the garden, too, is 033
designed in such a way as always to be a copy

035 036   Kengo Kuma, Gemeindezentrum, Takayanagi, 2000, Ansicht und Fassade
Kengo Kuma, Community Centre, Takayanagi, 2000, view and facade

037   Bearbeitungsstufen des Baumaterials eines japanischen Hauses
Stages in treating the building material of a Japanese house

Viele japanische Häuser sind traditionell mit Schilf gedeckt. Das entspricht der Struktur des Reisfeldes und lässt die Bauten mit der Landschaft verschmelzen. Der First mit den aufgesteckten Abdeckplatten verdeutlicht gleichzeitig den temporären Charakter des Verbundes, den Wandel des Seins.

Das Gemeindezentrum in Takayanagi von Kengo Kuma unterscheidet sich in seiner äußeren Erscheinung kaum von den umliegenden traditionellen japanischen Häusern. Es hat wie diese ein Schilfdach und Außenwände aus Papier. Auf subtile Weise verbinden sich in diesem Bau traditionelle mit modernen Elementen, wie sich an der Konstruktion und Fassadengestaltung sehen lässt. Im Spiel zwischen Natürlichkeit und Abstraktion entsteht ein spannungsvoller Raum, der einen freien Umgang mit der Tradition zeigt und gleichzeitig das heutige Leben repräsentiert.

Im japanischen Holzhaus erkennt man alle Bearbeitungsstufen, die zwischen dem Baum vor dem Haus und den vom Menschen geschaffenen abstrakten Konstruktionen liegen. Auch so lässt sich darstellen, wie das vom Menschen Geschaffene stets mit der Natur verbunden bleibt: Im Innenraum tauchen natürlich gekrümmte Balken als Referenz an die Bäume auf. Die aus Stroh geflochtenen Tatamimatten verweisen durch ihr weiches Material und ihre feine Struktur auf die umliegenden Wiesen. Durch die natürlichen Farben und Materialien, wie Lehm, Holz, Stein und Papier, bewegt man sich ganz allmählich vom äußeren in den abstrakten inneren Raum. Je tiefer man sich in das Haus be-

of nature. All elements are emphasised in their individual, even inadequate qualities and can thus be totally effective.

Many Japanese houses are traditionally covered with reeds. This reflects the structure of the rice field and allows the buildings to merge with the landscape. The roof-ridge, with its covering sheets attached, also highlights the provisional character of the connection and thus also the transformation of being.

The Takayanagi Community Centre by Kengo Kuma is hardly distinguished in its outer appearance from the surrounding traditional Japanese houses. Like these, it has a reed roof and exterior walls made out of paper. Traditional and modern elements combine in this building in a subtle way, as can be seen in the construction and façade design. A tension-ridden space is created in the play between naturalness and abstraction, revealing a free treatment of tradition at the same time as representing today's life.

A traditional Japanese wooden house reveals all the stages of workmanship that have gone into it – from the original tree outside the house to the abstract constructions created by humans. This is another way of showing how a human creation always remains connected with nature. Naturally curved beams are used inside the house, as a reflection of the trees. The Tatami straw mats reflect the surrounding meadows by virtue of their soft material and delicate structure. You gradually move from the

038 Gekrümmte Balken im Innenraum
Curved beams inside the house

039 Tatami im Innenraum
Tatami in the interior

wegt, desto feiner und präziser werden die Bauteile und auch ihre Verbindungen.

Der amerikanische Architekt Frank Lloyd Wright [1867–1959] verankert seine Prairie Houses mit der Umgebung, indem er diese in seinen Bauten komprimiert und so den Charakter der Landschaft abbildet. Zwar sind die Formen seiner Häuser rechtwinklig, also gegensätzlich zu den natürlichen Formen, aber die verwendeten Materialien, der lagernde geschichtete Charakter und auch die Silhouette verweisen immer auch auf die umgebende Landschaft. Seine Taliesin Houses schmiegen sich regelrecht an die umliegenden Hügel. Lange Fensterfolgen und überstehende Dachvorsprünge überwinden künstliche Barrieren und bringen das Äußere in den Innenraum.

Die Schichten des Hauses, das Wright für Frederick C. Robie errichtete, verbinden sich auf natürliche Weise mit der Umgebung. Der weit ausholende Charakter der äußeren Ansicht lässt auch in einem eher städtischen Umfeld die Weite natürlicher Landschaften spüren. Wright schafft wirklichen Raum und erzeugt so eine „innere Weite" beim Bewohner. Er verbindet Mensch, Umgebung und Architektur.

Auch das Coonley House lässt Wright über sich hinausweisen. Die ausladenden Wände verdichten sich zu einer Kleinteiligkeit und entsprechen so den Blättern der das Haus umgebenden Pflanzen. So reicht das Bezugsspektrum zur Natur vom Großen bis hin zu kleinen Details.

outer into the abstract, inner room through a series of natural colours and materials, such as clay, wood, stone and paper. The further you go into the house, the more delicate and precise the building parts and also their connections become.

The American architect Frank Lloyd Wright [1867–1959] connects his Prairie Houses with the surroundings by condensing these into his buildings and thus reproducing the character of the landscape. Although the forms of his houses are rectangular, and thus contrast with natural forms, the materials used, the mounted, layered character and also the silhouette always reflect the surrounding landscape. His Taliesin Houses really nestle into the surrounding hills. Long series of windows and overlapping roof projections override artificial barriers and bring the exterior into the interior space.

The layers of the Frederick C. Robie House are combined in a natural way with the environment. The far-reaching character of the exterior view also brings home the sheer breadth of natural landscapes in a predominantly urban environment. By creating real space, Wright produces "inner expanse" for the resident. Thereby he connects humankind, environment and architecture.

Wright also allows the Coonley House to point beyond itself. The cantilevered walls condense into small elements, thus reflecting the leaves

ARCHITEKTUR UND NATUR_**ARCHITECTURE AND NATURE**

040_041_042

043

045

044

040 Zugang zum Shisendo, Kyoto, 1636–41
Entrance to Shisendo, Kyoto, 1636–41

041 Shisendo, Übergang von innen nach außen
Shisendo, transition from inside to outside

042 Shisendo, Detail Shoji-Tatamimatte
Shisendo, detail shoji-tatami mat

043 Frank Lloyd Wright, Zufahrt Taliesin, Wisconsin, 1911
Frank Lloyd Wright, Taliesin approach, Wisconsin, 1911

044 Frank Lloyd Wright, Haus Frederick C. Robie, Chicago, 1909
Frank Lloyd Wright, Frederick C. Robie House, Chicago, 1909

045 Frank Lloyd Wright, Coonley House, Chicago, 1907
Frank Lloyd Wright, Coonley House, Chicago, 1907

046 Mies van der Rohe, Barcelona-Pavillon, 1929
Mies van der Rohe, Barcelona Pavilion, 1929

047 Mies van der Rohe, Farnsworth House, Illinois, 1946–51
Mies van der Rohe, Farnsworth House, Illinois, 1946–51

Der italienische Architekturhistoriker Bruno Zevi beschreibt Wrights Bauweise so:
ER VERSUCHTE, WENN AUCH ABSTRAHIERT, DIE FORMEN UND VORHERRSCHENDEN RHYTHMEN DER LANDSCHAFTEN, IN DENEN SEINE BAUTEN ERRICHTET WURDEN, ECHOHAFT WIEDERZUGEBEN. ER VERDICHTETE DIE FORMEN DER NATUR MIT DEN MITTELN MENSCHLICHER GEOMETRIE... DER ZUSAMMENHANG SEINER BAUTEN IST FÜR WRIGHT ALLES ANDERE ALS EINE STILISTISCHE ANGELEGENHEIT, FÜR IHN BEDEUTET ER DEN GLAUBEN AN DIE INDIVIDUALITÄT UND DIE WANDLUNG. EINE METHODE, DIE NICHT FORMELHAFT ÜBERTRAGBAR IST UND DIE EINE AUSSERORDENTLICHE AUFMERKSAMKEIT AUF DIE MENSCHLICHE DYNAMISCHE NUTZUNG DER RÄUME VERLANGT, WIE AUCH AUF IHRE BEZIEHUNG ZUR BAUMASSE UND DAS VERHÄLTNIS ZWISCHEN DIESER UND DEM LANDSCHAFTLICHEN KONTINUUM.

Auch die Formensprache der Bauten von Mies van der Rohe ist orthogonal. Er verwendet vorrangig hochwertiges und edles Material, das außen häufig gegensätzlich, innen aber analog zur Natur eingesetzt ist. Auch wenn er in der Außendarstellung keinen direkten Bezug zur Umgebung herstellt, erreicht er durch die Reduzierung seiner Bauten ein Hindurchfließen der Landschaft und zeigt so die Schönheit der Natur. Er verfolgt damit einen idealisierenden Ansatz. Dies lässt sich wunderbar am 046 Barcelona-Pavillon wiederfinden. In einem städtischen Umfeld zeigt sich in der naturbelassenen Oberfläche die raue Schönheit der Natur. Der zu-

of plants surrounding the house. Accordingly, the spectrum of reference to nature ranges from large to little.
The renowned Italian architectural historian Bruno Zevi describes Wright's building method as follows:
HE TRIED, EVEN IF ONLY IN AN ABSTRACT WAY, TO RELAY – IN ECHO – THE FORMS AND PREVAILING RHYTHMS OF THE LANDSCAPES WHERE HIS BUILDINGS WERE CONSTRUCTED. HE CONDENSED THE FORMS OF NATURE BY MEANS OF HUMAN GEOMETRY. FOR WRIGHT, THE CONNECTION OF HIS BUILDINGS IS FAR MORE THAN SIMPLY A STYLISTIC DEVICE. FOR HIM, IT MEANS THE BELIEF IN INDIVIDUALITY AND THE POWER OF TRANSFORMATION. THIS METHOD CANNOT BE REAPPLIED FORMULAICALLY – IT REQUIRES AN EXTRAORDINARY ATTENTION TO HUMAN SPATIAL DYNAMICS AS WELL AS THEIR RELATIONSHIP TO STRUCTURAL MASS AND THE SYMBIOSIS BETWEEN THIS AND THE LANDSCAPES' CONTINUUM.

The formal style of buildings by Mies van der Rohe is also orthogonal. Primarily he uses high quality and luxury material, which on the outside often forms a contrast to nature but parallels her on the inside. Even when not producing a direct reflection of the landscape on the outside, he attains an inner flow of the landscape by minimalising his buildings – thus revealing all nature's beauty. This approach follows his idealising strategy – an excellent illustration of which is provided by the Barcelona Pavilion. 046

ARCHITEKTUR UND NATUR_ARCHITECTURE AND NATURE

048 Farnsworth House, Essplatz
Farnsworth House, dining area

049 Meck Architekten, Pfarr- und Jugendhaus, Thalmässing, 2004
Meck Architekten, presbytary and youth House, Thalmässing, 2004

nächst einmal offensichtliche Gegensatz zur natürlichen Umgebung, den die orthogonale Struktur
und der weiß lackierte Stahl des Farnsworth House
bilden, stellt in seiner scheinbaren Widersprüchlich-
keit tatsächlich eine Betonung des Reichtums der
Natur dar.

048 Mies van der Rohe bemerkt über seinen Umgang
mit den Farben:

AUCH DIE NATUR SOLLTE IHR EIGENES LEBEN LEBEN. WIR
SOLLTEN UNS HÜTEN, SIE MIT DER FARBIGKEIT UNSERER
HÄUSER UND INNENEINRICHTUNGEN ZU STÖREN. DOCH
WIR SOLLTEN UNS BEMÜHEN, NATUR, HÄUSER UND
MENSCHEN IN EINER HÖHEREN EINHEIT ZUSAMMENZU-
BRINGEN. WENN SIE DIE NATUR DURCH DIE GLASWÄNDE
DES FARNSWORTH–HAUSES SEHEN, BEKOMMT SIE EINE
TIEFERE BEDEUTUNG, ALS WENN SIE AUSSEN STEHEN.
ES WIRD SO MEHR VON DER NATUR AUSGESPROCHEN –
SIE WIRD TEIL EINES GRÖSSEREN GANZEN.

047 Der weiße Anstrich des Farnsworth House schafft
eine Neutralität, in der die sich wandelnden Farben
der Natur zu voller Geltung kommen können. Der
Bau weist somit über sich hinaus in die Natur.
Auch der strenge Baukörper des Pfarr- und Ju-
049 gendheims von Meck Architekten steht im Mies'
schen Sinne im Gegensatz zur umliegenden Ba-
rockbebauung und der weichen Landschaft. Die
klaren Formen der leeren Räume heben die Ma-
terialqualitäten hervor. Die natürlichen Materialien
stellen auch hier einen Bezug von Mensch, Architektur und Natur her. Eine Wand aus geflochtenen Weidenzweigen wirkt in ihrer Oberfläche hap-

The raw beauty of nature is revealed in the
building's untreated natural surface in the
midst of an urban environment. Even the striking contrast to the natural environment, which
the orthogonal structure and white lacquered
steel of Farnsworth House create, actually represents – in an apparently contradictory manner – an emphasis of natural richness.

Mies van der Rohe made the following com- 048
ment on his treatment of colours:

NATURE, TOO, SHOULD LIVE ITS OWN LIFE. WE SHOULD
TAKE CARE NOT TO DISTURB NATURE WITH THE
COLOURFULNESS OF OUR HOUSES AND INTERIORS.
BUT WE SHOULD ALSO TRY TO BRING TOGETHER NA-
TURE, HOUSES AND PEOPLE IN A HIGHER UNITY. WHEN
YOU SEE NATURE THROUGH THE GLASS WALLS OF
FARNSWORTH HOUSE, IT GAINS A DEEPER MEANING
THAN WHEN YOU STAND OUTSIDE. THUS NATURE BE-
COMES MUCH MORE EXPRESSIVE – IN FACT IT BE-
COMES PART OF A GREATER WHOLE.

The whitewash on Farnsworth House creates a 047
neutrality, against which the changing colours
of nature can take full effect. The whitewash
thus reflects far more than itself – it reflects
nature.

The strict building of the presbytary and youth
house by Meck Architekten also stands in con- 049
trast to its Baroque surrounding and the soft
landscape. The quality of the materials stands
out in the clear forms of the empty spaces. The
natural materials here too set out a relation-

050 Alvar Aalto, Villa Mairea, 1939, Außenansicht mit Eingang
Alvar Aalto, Villa Mairea, 1939, exterior view with entrance

051 Alvar Aalto, Ferienhaus, Hoffassade
Aalto's Holiday House, courtyard façade

tisch ansprechend und lässt die Wandoberfläche optisch offen erscheinen.

„Es gibt nur zwei Dinge in der Kunst – Menschlichkeit oder keine." – so beschreibt der finnische Architekt Alvar Aalto [1898–1976] seine Priorität. Diesen Gedanken setzt er in seinen Bauten um, indem er die natürliche Vielfalt zeigt: Abnutzung, Verwitterung und Patina gehören ebenso zu seiner Architektur wie auch analoge Größenverhältnisse zur Natur, bis ins kleinste Detail. Bei der Villa Mairea sind Formen, Größenordnungen, Farben, Materialien und Oberflächenstrukturen vielfältigster Art wie in einer Collage zusammengesetzt. Alles schafft einen Bezug zur Umgebung.

Die Materialien des Pflanzenzimmers dieser Villa – Holz, Bambus, Pettigrohr und Stroh – sind in ihrer Farbigkeit naturbelassen und schaffen mit ihren Beigetönen eine warme und dezente Atmosphäre, die dem Grün der Pflanzen keine Konkurrenz macht. Auch die Größenverhältnisse der Bauteile, des Mobiliars und die Oberflächenstrukturen entsprechen der filigranen Form der Pflanzen.

051 Das Ziegelmosaik im Hof von Aaltos Ferienhaus ist von einer rhythmischen Anordnung und voller Detailfreude. Das blaue Ziegelfeld erzeugt in der roten Fläche einen kalten Kontrast, und auch die reliefartige Bewegung belebt die Darstellung. Die Holzbretter in der Glastür schaffen eine Parallele zu den Stämmen der Bäume im umliegenden Wald. Horizontale und vertikale Linien sowie die Einzelflächen in der Gesamtwand sind harmonisch angelegt und

ship of man, architecture and nature. A wall of willow wickerwork is sensually appealing and causes the surface to appear visually open.

There are only two things in art – humanity or no humanity. This is how the Finnish architect Alvar Aalto [1898–1976] describes his priorities in art. He applies this idea to his buildings, by showing them in all their natural diversity: the worn-out, weather-beaten and varnished also belong to his architecture, as well as proportions that are comparative to nature – down to the smallest detail. In the Villa Mairea forms, dimensions, colours, materials and surface structures of the most diverse kind are put together as if in a collage. Everything reflects the surroundings.

The materials of this villa's plant room – wood, bamboo, rattan and straw – are left in their natural colour, and create a warm and discreet atmosphere with their beige tones, which does not compete with the green of the plants. The proportions of the building's component parts, furnishings and also the surface structures reflect the delicate forms of plants.

The brick mosaic in the courtyard of Aalto's 051 Holiday House has a rhythmic order and is full of striking detail. The blue area of brick creates a cold contrast on the red area and the relief-style movement livens up the whole character. The wooden strips in the glass door create a parallel to the trunks of trees in the surround-

ARCHITEKTUR UND NATUR_ARCHITECTURE AND NATURE

052 Alvar Aalto, Villa Mairea, Türgriff
Alvar Aalto, door handle, Villa Mairea

053 Hiroaki Kimura, Teehaus aus Stahl, Osaka, 2004
Hiroaki Kimura, teahouse made out of steel, Osaka, 2004

entsprechen in ihrer Vielfalt dem Wesen der Natur. Aalto baute wirklich für den Menschen, ein kleines Beispiel hierfür findet sich in seinen besonders geformten Türgriffen. Sie liegen gut in der Hand und haben, wo sie mit Rohr umwickelt sind, zudem eine angenehme Temperatur.

Auch der japanische Architekt Hiroaki Kimura integriert ein Teehaus sehr behutsam in sein Umfeld: Vom alten Bauernhaus aus blickt man durch den Garten auf den Neubau, der sich in seiner Größe mit der geneigten Dachform gut in den Kontext einfügt, sich jedoch in seiner Farbigkeit und im Material Stahl stark von diesem absetzt. Die Feinheit in der Dimensionierung der einzelnen Bauteile greift die vorhandenen Größen in der Umgebung auf.

Der Umgang des Teehauses besteht aus weiß lackierten L-Profilen als selbsttragende Lauffläche, die eine ähnliche Größe wie die Zweige der Bäume und die gewohnten Holzbauteile des Altbaus aufweisen. Im Innenraum liegen traditionelle Tatami-matten. Hier wird deutlich, wie sich mit modernem und naturfremdem Material eine Zwischenzone schaffen lässt, die den Eindruck des Natürlichen im Innenraum und im Garten verstärkt.

Die Architektur des Portugiesen Eduardo Souto de Moura ist wie die von Mies van der Rohe sehr reduziert. Die damit verbundene Entfernung von der Natur gleicht er jedoch aus, indem er zahlreiche Übergänge zur Umgebung schafft. Ähnlich wie beim japanischen Haus gibt es bei ihm auch eine Abstufung von natürlichen, wenig bearbeiteten zu immer feineren, sehr stark abstrahierten Bauteilen.

ing forest. Horizontal and vertical lines as well as individual areas on the main wall are harmoniously arranged and their variety corresponds to nature.

Aalto really built on a human scale. A small example of this is his individually formed door handles. They are easy to hold, and the parts wrapped in piping also feel pleasantly warm.

The Japanese architect Hiroaki Kimura also integrates a teahouse very carefully into his environment: from the old farmhouse, you look through the garden towards the new building, which fits into the context well with its size and the form of its sloping roof, although its colour and material – steel – are a stark contrast to the old building. The fine proportions of the individual building elements takes up the existing dimensions in the vicinity.

The teahouse's gallery consists of white lacquered "L" sections as a self-supporting walking surface revealing a similar size to the branches of trees and the usual old building's wooden elements. In the inside, traditional Tatami mats are laid out on the floor. Here, it is evident how an intermediate zone can be created with modern and artificial material that reinforces the impression of nature in the interior and in the garden.

Like that of Mies van der Rohe, the architecture of the Portuguese Eduardo Souto de Moura is very minimalist. That said de Moura makes up for this distancing from nature by creating many transitions to the environment. With his

054   Eduardo Souto de Moura, Haus in Baiao, 1993
Eduardo Souto de Moura, house in Baiao, 1993

054   Das Ferienhaus in Baiao ist an einem Hang gelegen. Eine Ruine bildete die Grundlage für diesen Bau. Die Übergänge von alt und neu, grob und fein, Hang und Haus sind sehr sensibel gestaltet.

057   Auch die ganz allmählichen Abstufungen in der Gartengestaltung der Vilarinha Annexes von unbehauenem Stein über Betonplatten und polierten schwarzen Marmor bis hin zum spiegelnden Wasserbecken zeigen dasselbe Prinzip. Es erinnert an die Art und Weise, wie beim traditionellen japanischen Haus der allmähliche Übergang von der Natur zum Haus geschaffen wird.

Der Arbeit des schweizerischen Architekten Peter Zumthor liegt ein strenges geometrisches Prinzip zugrunde – und doch schafft er mit der Gestaltung der Oberflächen einen ganz direkten Bezug zur Umgebung. Er greift deren Stimmungsbilder auf und setzt sie in seiner Architektur ganz konkret um: „Das Gebäude ist genau das, was man sieht, berühren kann und betritt".

055   Mit der Kapelle in Sumvitg schafft Zumthor auf interessante Weise einen Bezug zur Tradition und gleichzeitig auch eine Verschiebung. Der Bau befindet sich auf einer Wiese in erhöhter Lage am Rande des Ortes. Ihre Verkleidung aus kleinen Holzschindeln nimmt das Motiv des umliegenden Grases auf. Zwar ist die Art der Verkleidung in der Gegend sehr verbreitet, jedoch nicht an Kapellen.

056   Auch die Verkleidung der Außenwand des Ateliers in Haldenstein mit dünnen, vertikal angeordneten Holzriemen bildet sowohl eine Parallele zu den

work, as with the Japanese house, there is a scaling down from natural, relatively non-crafted building parts to increasingly subtler and more strongly abstract elements.

The Holiday House in Baiao is located on a   054 slope. A ruin was the inspiration for this building. The transitions from old to new, untreated to sophisticated, slope to house are very sensitively designed.

The very steady gradations in the garden   057 design of the Vilarinha Annexes – from rough stone, through concrete plates and polished, black marble to reflecting water pools – reveal a consistent principle. This recalls the way in which the traditional Japanese house creates a gradual transition from nature to house.

Although the work of the Swiss architect, Peter Zumthor, is based on a strictly geometrical principle, in designing surfaces he still creates a completely direct link to the environment. In his architecture he adopts their atmospheric images and applies them quite directly to his architecture: "The building is exactly what you see, can touch and enter."

In the chapel in Sumvitg, Zumthor has an in-   055 teresting way of creating a link with tradition, while at the same time distorting that link. The building is located on an upper meadow on the edge of the village. Its cladding of small wooden boards adopts the motif of the surrounding grass. Although this style of cladding

ARCHITEKTUR UND NATUR_ARCHITECTURE AND NATURE

055

056

057

Felswänden in der Ferne als auch zu den Bäumen in der Nähe. Das liegt am gewählten Material, aber auch an dem durch Sonne und Regen immer stärker werdenden Hell-Dunkel-Kontrast, der etwas von den Furchen der Berge und auch von der Bewegung der Bäume in sich trägt.

In *Presence and Integrity or the Hard Core of Beauty* schreibt Peter Zumthor:

ICH GLAUBE IMMER NOCH AN DIE SICH SELBST GENÜGENDE, KÖRPERHAFTE GANZHEIT EINES ARCHITEKTONISCHEN OBJEKTES, AUCH ALS NICHT NATÜRLICHES FAKTUM, DAS IST DAS GRUNDSÄTZLICHE, WENN AUCH SCHWIERIGE ZIEL MEINER ARBEIT. WIE KÖNNEN WIR JEDOCH IN EINER ZEIT DIESE GANZHEIT IN DER ARCHITEKTUR ERREICHEN, IN DER SICH DAS GÖTTLICHE, DAS DEN DINGEN EINST IHRE BEDEUTUNG GAB UND AUCH DIE WIRKLICHKEIT IM ENDLOSEN FLUSS VERGÄNGLICHER ZEICHEN UND BILDER AUFZULÖSEN SCHEINEN?

Die Bauten des schweizerischen Architekturbüros Herzog & de Meuron sind wie die von Peter Zumthor orthogonal strukturiert, jedoch nicht ganz so streng und reduziert. Auch hier besteht ein großes Interesse für natürliche Baustoffe und in allem findet sich der Wunsch, den Bezug zwischen Mensch und Natur auf vielfältige Art und Weise darzustellen: „Uns interessiert alles, was wir als sinnliche und intellektuelle Ausdrucksmittel in zeitgenössische architektonische Sprache umsetzen können."

Ein Apartmenthaus der Architekten in einem Hinterhof in der Innenstadt von Basel schafft mit seiner unbehandelten Holzfassade eine Naturnähe, die man sonst nur bei alten Häusern auf dem Land findet. Das Holz in seinem warmen Ton und mit der ihm eigenen Maserung macht seine Stofflichkeit sinnlich erfahrbar und erinnert an traditionelles Handwerk.

Herzog & de Meurons Dominus Winery im Nappa Valley ist von ausladender Größe und streng rechtwinklig, und doch löst sie sich mit ihren Wänden, die aus in Gitter geschichteten Steinen bestehen, in der Landschaft auf. Einerseits liegt das an der

is very common in this area, it is not typical of chapels.

The cladding on the external wall of the studio 056 in Haldenstein, with its narrow, vertically arranged wooden straps, also forms a parallel to the cliff faces in the distance as well as to the nearby trees. This is thanks to the chosen material, but also to the increasingly strong chiaroscuro effect caused by the sun and rain. This contrast incorporates something of the mountain ridges and also the movement of the trees.

In *Presence and Integrity or the Hard Core of Beauty*, Peter Zumthor writes:

PERSONALLY I STILL BELIEVE IN THE SELF-SUFFICIENT, CORPOREAL WHOLENESS OF AN ARCHITECTURAL OBJECT, EVEN IF NOT AS A NATURAL OR GIVEN FACT BUT AS THE ESSENTIAL IF DIFFICULT AIM OF MY WORK. YET HOW ARE WE TO ACHIEVE THIS WHOLENESS IN ARCHITECTURE AT A TIME WHEN THE DIVINE, WHICH ONCE GAVE THINGS A MEANING, AND REALITY ITSELF, SEEM TO BE DISSOLVING IN THE ENDLESS FLUX OF TRANSITORY SIGNS AND IMAGES?

The buildings of the Swiss architectural studio Herzog & de Meuron are orthogonally structured, just like those by Peter Zumthor. However, they are not quite so strict and reductive. Here, a lively interest exists for natural building materials and the desire to represent the link between man and nature is present everywhere in a diverse way: "We are interested in everything that we can turn into contemporary architectural language as a sensual and intellectual means of expression."

An apartment block by these two architects in 058 a rear courtyard in Basel city centre creates a proximity to nature with its untreated wood façade, which you usually find only in old country houses. The warm tone of the wood and its unique graining are reminiscent of traditional craftsmanship and make the wood's material character a sensory experience.

ARCHITEKTUR UND NATUR_**ARCHITECTURE AND NATURE**

059

058 Herzog & de Meuron, Apartmentgebäude, Basel, 1984–88
Herzog & de Meuron, apartment building, Basel, 1984–88

059 Herzog & de Meuron, Dominus Winery, Nappa Valley, California, 1995–97
Herzog & de Meuron, Dominus Winery, Nappa Valley, California 1995–97

060 Kazuyo Sejima und Ryue Nishizawa, O-Museum, Nagano, 1995–99
Kazuyo Sejima and Ryue Nishizawa, O-Museum, Nagano, 1995–99

zurücktretenden Farbigkeit, andererseits an der körnigen Oberfläche, die eine Schattenbildung zwischen den Steinen entstehen lässt. Der Bau überwindet so die Grenze zwischen sich und seiner Umgebung.

Die japanischen Architekten Kazuyo Sejima und Ryue Nishizawa verbinden moderne und klassische Elemente und schaffen damit eine subtile Harmonie, die dem traditionellen japanischen Haus sehr nahe ist. Außen erscheint ihre Architektur auf den ersten Blick gegensätzlich zur Natur, weil orthogonal und reduziert, durch ihren Reichtum an Details aber schafft sie viele neue Bezugsmöglichkeiten zu ihrer Umgebung.

060 Das O-Museum in Nagano ist ein lang gezogener, leicht gekrümmter Bau und wirkt in seiner äußeren Form eher unnatürlich. Das feine, zartgrüne, vertikal linierte Glas schafft jedoch eine Verwandtschaft zum angrenzenden Bambuswald und lässt so die Grenze zwischen Haus und Umgebung weicher wirken.

All diese Beispiele zeigen, wie eine Verschmelzung von Architektur und Natur gelingen kann und wie wichtig sie ist. Aus dem Wissen um Wirkung und Einfluss natürlicher Elemente, verbunden mit Bautechniken aus Tradition und Moderne, können bei einem bewussten und sensiblen Umgang gebaute Umgebungen geschaffen werden, die mit der Natur harmonisieren und wirkungsvoll Raum für den Menschen schaffen.

Herzog & de Meuron's Dominus Winery in Nappa Valley is of an expansive scale and strictly orthogonal. But it merges into the landscape as its walls are made out of stones 059 layered in trellises. On the one hand, this is due to the architects' restrained use of colour; on the other hand, it is due to the grainy surface, which enables shadows to form between the stones. The building thus overcomes the distinction between itself and its surroundings.

The Japanese architects Kazuyo Sejima and Ryue Nishizawa combine modern and classical elements and use them to create a subtle harmony, which is very close to the traditional Japanese house. Externally, their architecture seems at first sight in opposition to nature, because it is orthogonal and reduced. However, through its richness of detail, it creates many new potential relationships.

The O-Museum in Nagano is a very long build- 060 ing that is slightly curved, and externally it seems to be unnatural. However, the fine pale green and vertically lined glass creates a relationship to the neighbouring bamboo wood and thus allows the demarcation between house and surroundings to appear more delicate.

All these examples show how architecture and nature can successfully merge, and also how important this is. Given an aware and sensitive approach, environments can be created out of the knowledge of the effect and influence of natural elements, combined with traditional and modern building techniques. These surroundings can harmonize with nature and create space for human beings.

061 Hiroaki Kimura, Teehaus aus Stahl, Osaka, 2004
Hiroaki Kimura, teahouse made out of steel, Osaka, 2004

Wenn wir annehmen, dass in der Natur alles aus der Wechselwirkung gleichzeitig existierender Gegensätze entsteht, dann kann auch eine kontrastreich angelegte Architektur dem Natürlichen nicht nur entsprechen, sondern seine Wirkung noch steigern. Mit den ästhetischen Mitteln der Wiederholung, der Spiegelung oder der Reduktion lassen sich die Vielfalt und Einzigartigkeit der Natur architektonisch darstellen. Eine „Architektur der Gegensätze" kann deutlich machen, dass sich Einzelerscheinungen auch in ihrer Unvollkommenheit zu einer perfekten Gesamtheit ergänzen.

Gehen wir zunächst vom vermeintlichen Idealfall aus: Die unterschiedlichsten Formen und Größen der Natur finden sich in den baulichen Konstruktionen wieder. Auch die Farben sind in Abhängigkeit zum Größenverhältnis der Fläche gewählt und entsprechen ebenso wie das Material dem natürlichen Vorbild. All diese Komponenten könnten zusammen eine perfekte Entsprechung zur Natur ergeben. Aber dabei würde ein wichtiger Aspekt vernachlässigt werden: Die Perfektion des Gebauten steht im Gegensatz zur Unvollkommenheit des natürlichen Einzelelementes. Gerade aus diesem vermeintlichen Mangel entsteht Anziehung, Wechselwirkung sowie Verbindung und ergibt als Gesamtheit das Vollkommene der Natur.

Die industrielle Massenfertigung hingegen produziert perfekte, sich einander vollständig gleichende Teile. Als Einzelelemente können sie in ihrer Gleichheit und Ebenmäßigkeit einen schönen Kontrast

If we accept that in nature everything is created out of the interplay of simultaneously existing opposites, then a richly contrasting architectural design can not only also correspond to nature, but even intensify its impact. With the aesthetic resources of repetition, mirroring or reduction, nature's variety and unique quality can be architecturally represented. An "architecture of opposites" can make it clear that even in their imperfection individual phenomena can be enriched to a perfect whole.

Let us start from what we assume is the ideal scenario – that the most diverse forms and dimensions in nature are identified in architectural constructions. Even the colours are chosen for their conformity to the dimensions of the surface area and, just like the original material, they correspond to the natural model. Together, all these components could result in something perfectly parallel to nature. But this would leave out an important aspect: the contrast between the perfection of the finished construction and the imperfection of the individual element in nature. Yet precisely this supposed "inadequacy" creates attraction, interaction and connection, as well as producing the perfection of nature as a whole.

Industrial mass production produces perfect parts that totally resemble each other. In their similarity and equality, as individual elements they can be an appealing contrast to nature.

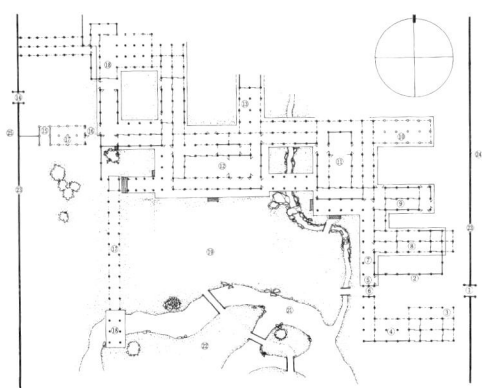

062　Tosanjoden-Residenz, Kyoto, 12. Jh.
Tosanjoden Residence, Kyoto, 12th century

063　Daitokuji-Tempel, Kyoto, 16. Jh.
Daitokuji Temple, Kyoto, 16th century

zur Natur ergeben. Aber in der Masse wirken sie völlig leblos, weil ihre Perfektion keine Wechselwirkung mit anderem zulässt.

Auch die Gegensätzlichkeit, die in der Reduzierung liegt, kann den Reichtum der Natur besonders deutlich machen. Wobei hiermit nicht die übersteigerte Abstraktion der Moderne gemeint ist, die die Gegensätzlichkeit so überspannt hat, dass die Bezugsmöglichkeiten des Menschen zur Architektur und zur durch sie gespiegelten Natur vollständig verloren gingen. Nur wenn die Bezugsmöglichkeiten auch in der Reduktion erhalten sind, kann sie die Kraft zur Steigerung entfalten.

Beim japanischen Haus ist der Bezug zur Umgebung sehr fein gestaltet. Der Grundriss ist so konzipiert, dass sich die einfache orthogonale Struktur mit den freien Formen der Natur in Gegensätzlichkeit verbindet und so die Wahrnehmung sensibilisiert. Der Grundriss des Gebäudekomplexes der Tosanjoden-Residenz gibt ein Beispiel, wie durch Verzahnung vielfältige Verbindungen zwischen Innenraum und Außenwelt geschaffen werden können.

Auch im völlig geometrisch geschnittenen Innenraum des Daitokuji-Tempels zeigt sich die Wirkung des Gegensätzlichen. Die bis ins Kleinste durchdachte Gestaltung nimmt unterschiedlichste natürliche Größen und Materialien in sich auf und kann so ein Gefühl von Ruhe und Harmonie erzeugen.

Die Wechselwirkung von bearbeiteten und ursprünglichen Formen lässt sich auch im Garten erkennen, der den Tempel umgibt. Die Gestaltung

However, in mass quantities they appear totally lifeless, because their perfection permits no interaction with any thing else.

The counterbalance that lies in reduction can also make the richness of nature especially apparent. Here, we are not referring to the exaggerated abstraction of modernity, which has so over-extended contrasts that the potential for a human relationship to architecture and nature, as reflected in it, has been totally lost. Only if the potential relationship remains present in the reduction can it release the power for enhancement.

In the Japanese house, the building's relationship to its surroundings is very finely tuned. The layout is designed in such a way that the simple orthogonal structure combines with the free forms of nature in their oppositions – which is how perception is sensitized. The layout of the complex of buildings in the Tosanjoden Residence exemplifies how, by means of an interdependent system, multiple possibilities of mutual referencing between inner and outer worlds can be created.

The effect of opposition is also shown in the totally geometrically designed interior of Daitokuji Temple. The building's design, worked out to the last detail, adopts the most diverse, natural dimensions and materials and in this way creates a feeling of peace and harmony.

The interplay of crafted and original forms is also reflected in the garden surrounding the temple. The design is free from over-formality;

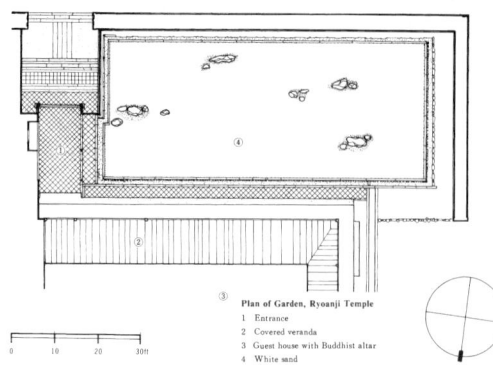

064 Wasserbehälter
Water container

065 Orthogonale und natürliche Formen im japanischen Garten
Orthogonal and natural forms in Japanese garden

066 Ryoanji-Tempel, Kyoto, 15. Jh., Grundriss
Ryoanji Temple, Kyoto, 15th century, plan

ist frei von Formalismen; sie betont Einzigartiges auch in seiner jeweiligen Gegensätzlichkeit, ohne zu idealisieren. Die Grenze zwischen der freien Natur und der vom Menschen gestalteten Umgebung wird fließend und vermittelt die Einbindung aller Elemente in einen großen Gesamtzusammenhang.

064 Der Wasserbehälter zum Beispiel ist ein rauer, unbehauener und bemooster Stein in einem Kiesbett mit einem exakten runden Loch für das Wasser. Eine feine, präzise gearbeitete Schöpfkelle aus Bambus liegt darüber und spiegelt sich in der glatten Oberfläche. Alle Einzelaspekte dieser Gesamtkomposition stehen durch Form, Material und Oberflächenstruktur im Gegensatz zueinander und steigern sich dadurch in ihrer Wirkung.

Nicht nur in den einzelnen Gestaltungselementen des japanischen Gartens findet sich das Spiel mit Kontrasten, auch hier prägt die Abwechslung zwi-

065 schen orthogonalen Strukturen und natürlichen Formen das Raumempfinden. Besonders deutlich heben sich die natürlichen Formen in der streng

066 geometrischen Anlage des Ryonan-ji-Steingartens in Kyoto hervor.

Wie der Garten, so verbindet auch die Außengestaltung der Häuser gegensätzliche Formen, Größen und Materialien miteinander. Verschiedenste Strukturen machen die Gleichzeitigkeit von menschlichem Wirken und natürlichem Ursprung bewusst. Vor dem Hintergrund und der in dezenten

067 Naturtönen gehaltenen Fassade aus unterschiedlich strukturierten Teilflächen, kommen die bunten

it also emphasises uniqueness in its various contrasting forms, yet without idealising anything. The distinction between "untamed" nature and the surroundings designed by mankind becomes fluid as it establishes the integration of all elements into one large, overall unity. The water container, for instance, is a 064 basic, un-sculpted, moss-covered stone in a gravel bed with a perfectly circular hole to contain the water. A fine, precisely crafted drinking ladle made of bamboo lies above it and is mirrored in the water's smooth surface. All the individual aspects of this overall composition contrast with each other in terms of form, material and surface structure – thus having a more intense effect.

The play of opposites is not only evident in the individual design elements of the Japanese garden. Here, too, a combination of orthogonal 065 structures and natural forms influence the sense of space. Natural forms emerge especially strongly from the strictly geometrical site 066 of the Ryonan-ji stone garden in Kyoto.

As with the garden, the exterior design of the houses also connects contrasting forms, sizes and materials with each other. Highly diverse structures heighten our awareness of the simultaneity of human action and natural origin. Against the backdrop of the façade, rendered in discreet natural tones of differently 067 structured surface sections, the bright and free

GEGENSÄTZE_OPPOSITES

067 Japanische Fassade mit Lampion und Blüte
Japanese façade with lampion and blossom

068 Kengo Kuma, River Filter, Tamakawa, 1994–96
Kengo Kuma, River Filter, Tamakawa, 1994–96

und freien Formen von Lampion, Blüte und Schriftzeichen akzentuiert zur Geltung.

Eine interessante Neuinterpretation einer solchen traditionellen Fassade zeigt sich beim River Filter von Kengo Kuma, einer Lebensmittelfabrik mit einem Soba-Restaurant. Die Bambusvorhänge filtern das Licht. Der variierende Abstand der einzelnen Stäbe erzeugt zudem einen interessanten Rhythmus in der Fassade.

Im Inneren vieler traditioneller japanischer Häuser treffen unebener Lehmboden, grober Stein und massive Stützen auf glatte Wände, filigrane Fensterstreben, geflochtene Gebrauchsgegenstände und feinste Keramik. Da sie ein breites Spektrum möglicher Erscheinungsformen aufzeigen, erzeugen all diese Gegensätze eine außergewöhnliche Spannung.

Auch in der westlichen Architektur zeugen einige Beispiele von einer gelungenen Verbindung offensichtlicher Gegensätze: Der amerikanische Architekt Frank Lloyd Wright verdichtet in der orthogonalen Baustruktur des Fallingwater House von 1935 den Charakter der freien Formen der Landschaft. Allein durch seinen Standort erzeugt dieses über einem Wasserfall gebaute Haus eine natürliche Spannung, die sich auch in seiner baulichen Struktur fortsetzt. Wright verbindet die großen und kleinen Felsen mit überhängenden Betonplatten sowie Bruchsteinmauerwerk und stellt so die damals neuesten baulichen Entwicklungen einer traditionellen Bauweise gegenüber. Einfache Elemente, wie alte Küchenmöbel, Webarbeiten und Bruchsteinmauerwerk werden mit neuesten Materialien

forms of lampion, blossoms and script signs stand out all the more strikingly.

An interesting new interpretation of this kind of traditional façade is evident in River Filter by Kengo Kuma, a grocery factory with a Soba restaurant. The bamboo curtains filter the light. Additionally, various distances between the poles produce an interesting rhythm to the façade.

Inside most traditional Japanese homes uneven clay floors, rough stone and solid supports meet smooth walls, delicate window bars, woven everyday objects and very fine porcelain. As they display a broad spectrum of potential forms, all these oppositions produce an extraordinary effect of tension.

In western architecture, too, there are a few examples evident of opposites being fused: In the orthogonal building structure of the 1935 Fallingwater House, the American architect Frank Lloyd Wright condenses the character of the landscape's free forms. This house, built over a waterfall, creates a natural tension simply through its position – a tension continued in the house's structure. Wright connects both large and small cliffs with overhanging concrete plates and quarried stone masonry, and thereby juxtaposes what were then the most recent construction developments with a traditional building method. Simple elements, such as old kitchen furniture, items of woven cloth and quarried stone masonry are combined with the newest of materials, such as reinforced

069 Stütze auf Lehmboden
Support on clay floor

070_071 Frank Lloyd Wright, Fallingwater House Pennsylvania, 1938–39, Ansicht_Wohnraum
Frank Lloyd Wright, Fallingwater House Pennsylvania, 1938–39, view_livingroom

wie Stahlbeton und einem luxuriösen Wohnambiente verbunden. Die Gestaltung des Wohnraums mit gelb-roten Sitzpolstern unterstreicht durch die starke Kontrastierung die Farbigkeit der grün-bläulichen Außenwelt, der Kamin als Zentrum des Hauses stellt einen Bezug zu archaischen Bauernhäusern her.

Ähnlich setzt Mies van der Rohe Abstraktion, Orthogonalität und Reduktion in Form und Farbe als Gegensatz zur Natur ein. Im Inneren seines Barcelona-Pavillons schafft das Zusammenspiel von Wänden, Böden und Deckenplatten einen fließenden Übergang von Innen und Außen. Natürliche Formen und Materialien kommen im dem reduzierten Raum voll zur Geltung.

Der weiße Anstrich des Farnsworth House erweckt zunächst den Eindruck eines allzu deutlichen Kontrasts zur Natur. Aber durch die ausgeprägte Neutralität der Architektur können die sich wandelnden Farben und Formen der Natur intensiv zur Geltung kommen. Die die Außenwände ersetzenden raumhohen Glasscheiben, das zweite wichtige Element, erlauben bei zurückgezogenen Vorhängen ein Hindurchfließen der Landschaft und schaffen so einen atemberaubenden Effekt. Die versetzten Bodenplatten des Wohnraums und der Terrasse ermöglichen zusätzlich ein Ineinandergreifen von Haus und Natur.

Mit dem Entwurfsprinzip der Collage hat Alvar Aalto eine ideale Voraussetzung für die Verbindung von Gegensätzen entwickelt. Bei der Villa Mairea

concrete and a luxurious living ambience. The design of the living room with yellow and red seating cushions underlines the colouring of the greenish-blue external world by strong contrasting elements. As the centre of the house, the fireplace evokes ancient farmhouses.

As a contrast to nature, Mies van der Rohe also used abstraction, orthogonality, as well as reduction of form and colour. Inside his Barcelona Pavilion, the interplay of walls, floors and ceiling sections creates a fluid transition between inside and outside. Natural forms and materials are strikingly effective in the formally minimalist space.

At first sight the whitewash on Farnsworth House presents an all-too evident contrast to nature. However, the accentuated neutrality of the architecture, along with the changing colours of nature's forms can be intensely striking. The floor-to-ceiling glass panes, which replace the external walls and are the building's second important element, allow the landscape to flow through when the curtains are drawn back. This creates a breathtaking effect. The shifted floor sections in the living rooms and on the terrace additionally facilitate a merging of house and nature.

By using the design principle of the collage Alvar Alto developed an ideal pre-requisite for the connection of opposites. In his Villa Mairea,

GEGENSÄTZE_OPPOSITES

072 073

072 Mies van der Rohe, Barcelona-Pavillon, Außenraum mit
Plastik
Mies van der Rohe, Barcelona Pavilion, outside room with
sculpture

073 Mies van der Rohe, Barcelona-Pavillon, 1929, Grundriss
Mies van der Rohe, Barcelona Pavilion, 1929, plan

074 Mies van der Rohe, Farnsworth House, Illinois, 1946–51
Mies van der Rohe, Farnsworth House, Illinois, 1946–51

075 Mies van der Rohe, Farnsworth House, Grundriss
Mies van der Rohe, Farnsworth House, plan

076 Mies van der Rohe, Farnsworth House, Eingang
Mies van der Rohe, Farnsworth House, entrance

074
075
076

077 Alvar Aalto, Villa Mairea, Ansicht
Alvar Aalto, Villa Mairea, view

verbindet er orthogonale Strukturen mit freien Formen, bäuerliche Tradition mit Avantgarde und Handwerk mit industrieller Produktion. Hierdurch spricht
er vielseitige Emotionen an und vermittelt im Miteinander der Gegensätze ein Gefühl von Freiheit.

078 Auch in seinem Ferienhaus in Muuratsalo findet
sich dieses Prinzip: Die weiß gestrichene Ziegel-
wand bildet, ähnlich dem Farnsworth House von
Mies van der Rohe, einen neutralen Gegenpol zur
Umgebung. In der inneren Gestaltung suchen beide Architekten einen direkten Bezug zur Natur: Van
der Rohe verwendet dazu naturbelassenes Material, Aalto erreicht dies mit einem Ziegelmauerwerk
im Innenhof, dessen rote Oberfläche einen Kom-
plementärkontrast zum grünen Laub der Bäume
bildet. Aber auch in der Fläche selbst finden sich in
harmonischer Ordnung die verschiedensten Farben, Oberflächen und Größen. Dem sehr modernen
Gesamtbau steht ein traditionelles Blockhaus gegenüber, in dem sich eine Sauna befindet.

079 Ein schönes neues Beispiel einer solchen Gestaltung findet sich in der Wohnanlage Borneo Island
in Amsterdam von den spanisch-italienischen Architekten Enrique Miralles und Benedetta Tagliabue. Hier sind ähnlich vielfältige Backsteinmuster
gelegt, die sich einerseits von der traditionellen
holländischen Backsteinarchitektur absetzen, sich
andererseits aber auch sehr harmonisch mit ihr verbinden.

080 Das Case Study House #8 von Charles und Ray
Eames steht als rechtwinkliger Stahlbau in sehr

he connects orthogonal structures with free
forms, peasant tradition with the avant-garde
and craftwork with industrial production. Accordingly, he appeals to a wide range of emotions and conveys a feeling of freedom by his
mixture of opposites.

This principle is also evident in his holiday
house in Muuratsalo: the whitewashed brick 078
wall, similar to Mies van der Rohe's Farnsworth
House, creates a neutral counterpoint to the
surroundings. In the interior design, both architects are seeking a direct reference to nature.
Whereas van der Rohe uses naturally coated
material for this, Aalto achieves his aim with
brick masonry in the inner courtyard. The red
surface forms a complementary contrast to the
green foliage of the trees. However, on the surface itself, a great variety of different colours,
surfaces and sizes is evident – all in balanced
good order. A sauna – in the form of a traditional blockhouse – stands opposite the very
modern overall structure.

A beautiful, new example of this kind of design
is at the residential facility of Borneo Island 079
in Amsterdam by the Spanish-Italian architects
Enrique Miralles and Benedetta Tagliabue.
Here, similarly, diverse, brick patterns are laid
that on the one hand are distinguished from
the traditional Dutch brick architecture and on
the other hand are also very harmoniously connected to it.

GEGENSÄTZE_OPPOSITES

deutlichem Gegensatz zur Umgebung. Seine reiche und lebendige Fassadengestaltung verbindet es – ähnlich dem traditionellen japanischen Haus – wieder mit der Vielfalt der Natur.

Der niederländische Architekt Rem Koolhaas verfolgt mit der Villa Alba ein ähnliches Prinzip wie Alvar Aalto mit seiner Collagetechnik. Das Gebäude ist voller Gegensätze: Auch hier sieht man wie bei der Villa Mairea schlanke, unregelmäßig und leicht schräg stehende Stützen, die eine Parallele zu den Bäumen auf dem Grundstück herstellen. Eine alte Mauer wurde bewusst stehen gelassen und in die Gestaltung integriert – sie verbindet die metallische Fassade des Neubaus mit den älteren Nachbarhäusern.

Das Maison à Bordeaux wurde für einen gehbehinderten Mann entworfen und erweckt mit seinem rauen, fast panzerartigen Äußeren zunächst Assoziationen wie Sicherheit und Schutz. Dieser Eindruck aber wird durch einen großen Innenhof und eine weite Sicht in die Landschaft gemildert. Im Zentrum des Hauses verbindet ein Luftraum mit flexibler Plattform alle Etagen miteinander; seine extreme Höhe schafft eine Betonung des Senkrechten im ansonsten horizontal angelegten Haus. Die Nutzung als Bibliothek und die durch alle Stockwerke gehenden Regalböden aus satiniertem Glas ergeben eine materielle und geistige Offenheit, die als Gegensatz zu der rauen Hülle erscheint.

Das Park-Café in Koga von Katsuyo Seijima und Ryue Nishizawa ist ein streng orthogonal konzipierter Bau mit einer kühlen und distanzierten Atmos-

As a square, steel structure, the Case Study House #8 by Charles and Ray Eames stands in very clear contrast to its environment. Even so, its rich and vibrant façade design again connects it – in a similar way to the traditional Japanese house – with nature's variety.

In the Villa Alba the Dutch architect Rem Koolhaas follows a similar principle to Alvar Aalto and his collage technique. The building is full of contrasts: as with the Villa Mairea, here you also see slender, irregular and slightly angled supports, which create a parallel to the trees on the site. An old wall was purposely left standing and integrated into the design – it connects the metal façade of the new building with the older neighbouring houses.

The Maison à Bordeaux was designed for someone handicapped, and with its raw, almost tank-like exterior it initially evokes associations like security and shelter. However, this impression is modified by a large inner courtyard and a wide-ranging view of the countryside. An atrium with a flexible plat-form in the centre of the house connects all the floors with each other. Its extreme height accentuates the vertical dimension in an otherwise horizontally arranged house. Its function as a library and the polished glass shelves that continue on all levels give a sense of material and intellectual openness that contrasts sharply with the raw shell.

The Park Café by Katsuyo Seijima and Ryue Nishizawa is a strictly orthogonally designed

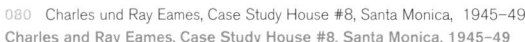

080   Charles und Ray Eames, Case Study House #8, Santa Monica, 1945–49
Charles and Ray Eames, Case Study House #8, Santa Monica, 1945–49

081   Rem Koolhaas, Maison à Bordeaux, 1994–98, Wohnraum
Rem Koolhaas, Maison à Bordeaux, 1994–98, living room

083   phäre. Seine filigranen und verspiegelten Bauteile erreichen eine Durchlässigkeit des Hauses und lösen die Grenzen von Innen und Außen auf.

All diese Beispiele zeigen den Gegensatz als Teil des natürlichen Gefüges. So kann auch ein Gebäude voller Gegensätze der Vielfalt der Natur entsprechen. Ist das Gebäude im Vergleich zur Vielfalt der Natur zudem stark reduziert, entsteht ein architektonischer Rahmen, in dem die Natur eine besonders starke Präsenz entfaltet.

building with a cool and distanced atmosphere. Its delicate and mirroring building components 083 lend the house transparency and dissolve the boundaries of inside and outside.

All these examples show opposites as part of a natural structure. Thus, a building full of contrasts can also correspond to the variety of nature. If the building is also heavily reduced in contrast to nature's diversity, an architectural framework is created in which nature unfolds an especially strong presence.

082 Rem Koolhaas, Villa Alba, Paris, 1985–91,
Seite vom Garten
**Rem Koolhaas, Villa Alba, Paris, 1985–91,
the side of the garden**

083 Kazuyo Sejima und Ryue Nishizawa,
Park-Café, Koga, 1996–98
**Kazuyo Sejima and Ryue Nishizawa,
park café, Koga, 1996–98**

082

083

Nach fernöstlicher Auffassung ist der Wandel die einzige Konstante in der Natur. Wir erleben das in unserem eigenen unumgänglichen Lebensprozess und an dem unserer Umgebung. Wenn die Architektur flexibel gestaltet ist und in ihrer Struktur einen Bezug zu den Wandlungen der Natur herstellt, kann sie uns eine transzendente Erfahrung ermöglichen.

Das traditionelle japanische Haus zeigt beispielhaft, wie über architektonische Gestaltung eine Sensibilisierung für die Wahrnehmung der natürlichen Veränderung erreicht werden kann. Es ist so konzipiert, dass der jahreszeitlich bedingte Wandel der Naturerscheinungen deutlich zur Geltung kommt. Zwar bilden die *shoji* [Schiebefenster aus Reispapier] eine optische Trennung und die Fensterläden aus Holz schützen weitestgehend vor Kälte und Sturm, so wie das weit überragende Vordach vor Regen und Sonne. Dennoch ist die Konstruktion durchlässig: Die Menschen leben in ihren Häusern mit den Geräuschen der Umgebung, dem Wind und dem natürlichen Licht. Die Wärme eines Sommertages und auch die Kälte des Winters bestimmen, da es außer einer kleinen Feuerstelle keine Heizung gibt, die Raumtemperatur und lassen so den Wandel am eigenen Körper spürbar werden. Schauen wir uns im Gegensatz dazu die modernen Klimafassaden an: Eine hoch komplexe Technologie reagiert auf jede Veränderung des Klimas, aber gleichzeitig schottet sie das Innere des Gebäudes nahezu hermetisch von der Umwelt ab, somit unterbindet sie jede Beziehung zwischen Mensch und Natur. Aber zurück zum traditionellen japanischen Haus: Auch die neutrale Gestaltung der häufig leeren Innenräume verleiht den Aktivitäten ihrer Bewohner und damit den Veränderungen, die der Mensch an seiner Umgebung vornimmt, ei-

In far-eastern philosophy, change is the only constant element in nature. We experience this in our own inescapable life process and in our environment. If architecture is flexibly designed and creates a relationship to the changes of nature in its structure, it can make a transcendent experience possible for us.

The traditional Japanese house is a model of how sensitivity for the perception of natural change can be achieved by architectural design. It is designed in such a way that nature's seasonally changing forms are clearly evident. Certainly, the *shoji* [sliding windows made of rice paper] create a visual division and the wooden window shutters protect people inside from the worst of the cold and storms, while the wide, extending canopy protects them from rain and sun-glare. Nevertheless, the structure is transparent. The people inside live in their houses with all the noises of their environment, the wind and natural light. The heat of a summer's day and also the cold in winter define room temperature, since there is no heating, apart from a small fireplace. Thus, temperature changes are felt physically. Let us – by contrast – consider modern climatic façades: highly complex technology reacts to every change in climate, but at the same time it almost hermetically seals the building's interior from the outside world and therefore counteracts any relationship between humans and nature. Now let us return to the traditional Japanese house: even the neutral design of the interior rooms, which are often empty, gives a special immediacy to the activities of the occupants and therefore to the changes humans make to their surroundings. The aging processes of materials

084 Stein im Kies
Stone in gravel

085 Steinweg mit Blättern
Stone path with leaves

ne besondere Präsenz. Die Alterungsprozesse der Materialien werden nicht nur zugelassen, sondern sind sogar erwünscht, da sie deren wandelbaren Charakter betonen. Die baulichen Verbindungen sind nur gesteckt oder gebunden, um das Temporäre aller Verbindungen deutlich zu machen. Selbst der Bearbeitungsgrad der Bauteile zeigt einen Prozess: Das Spektrum reicht von unbearbeitet, also natürlich belassen, bis zu mit großer Kunstfertigkeit geformten, abstrakten Elementen. Auch im Garten sind trotz akribischer Pflege immer natürliche Lebensspuren sichtbar. Alles lässt den steten Wandel erkennen. Wäre dem nicht so, käme eine gänzlich unnatürliche Stagnation zum Ausdruck, die nicht der Wirklichkeit entspräche.

Das breite Spektrum menschlichen Wirkens kann man auf der folgenden Abbildung wunderbar erkennen: Der Trittstein vor dem Umgang ist ganz ursprünglich. Das schilfgedeckte Dach bewahrt, trotzdem es von Menschen geschaffen wurde, den Charakter der Wiese. Die orthogonal zugeschnittenen Bretter der Außenwände hingegen weisen einen so hohen Grad der Bearbeitung auf, dass man ihren Ursprung im Baum kaum noch erahnen kann. Ein paar Papierfelder der *shoji* sind ersetzt worden und auch auf dem Holz lassen sich Wetterspuren erkennen – beides macht den Lebensprozess des Hauses sichtbar. Von innen betrachtet, besteht die Unterkonstruktion des Daches beim Umgang aus unbearbeiteten Stämmen, die mit den das Schilf tragenden Bambussparren verknotet sind. Sie verweisen auf einen Holzstapel in der Wiese und auf die Bäume der Umgebung. Auch durch dieses De-

are not only permitted, but actually encouraged, as they emphasize the material's transitory character. Construction joints are only pinned or bound together, to emphasise the temporary nature of all connections. Even the degree of craftsmanship devoted to the building elements reveals a process: the spectrum extending from an untreated, or natural state to highly skilled craftsmanship on carefully formed, abstract elements. In spite of painstaking care in the garden, natural traces of life are always visible. Everything manifests constant change. If that were not the case, an entirely unnatural stagnation would come to the fore that would not correspond to reality.

The broad spectrum of human activity is wonderfully recognisable in the following image: the stepping-stone in front of the gallery is quite original. The reed-covered roof retains the character of a meadow, despite being created by human beings. On the other hand, the orthogonally cut wooden planks for the external walls reveal such a high degree of craftsmanship that their origin as tree wood is hard to imagine. A few paper panels of the *shoji* have been replaced and weather stains – identifiable on the wood – both make the life process of the house visible. Viewed from the inside, the sub-structure of the roof under the gallery clearly consists of untreated tree trunks tied together with bamboo rafters that support the reed roof. They indicate a woodpile in the meadow and the nearby trees. This detail illus-

086 Außenansicht eines traditionellen japanischen Hauses
Traditional Japanese house, exterior

087 Innenansicht eines traditionellen japanischen Hauses
Traditional Japanese house, interior

tail wird ein Prozess verdeutlicht: die Entwicklung des natürlichen Materials und seine Einbindung in einen vom Menschen geschaffenen Rahmen.

Von innen läuft man über die feinen Tatami-Matten, den polierten Holzboden des Umgangs und über die dünnen Bambusstangen unter dem Vorsprung 088 nach außen. Jede Oberfläche hat ihren eigenen Charakter: Das Holz wird mit der Abnutzung immer plastischer und der exponierte Bambus zeigt deutliche Witterungsspuren. Diese unterschiedlich stark bearbeiteten Elemente zeigen jeweils eine ganz andere räumliche Zugehörigkeit.

Für gewöhnlich lässt sich ein großer Bereich des 090 japanischen Hauses zum Garten hin komplett öffnen, so dass der Mensch mit allen Sinnen die Natur erfahren kann. Die Kargheit der Innenausstattung verstärkt diese Wirkung noch. Jedes Detail und auch jede Bewegung oder Veränderung kann in diesem Ambiente ohne Ablenkung wahrgenommen werden.

Ein ebenso typisches Beispiel japanischer Bauweise findet sich in den Verbindungen der Pergola. 089 Die Stangen des Bambusgitters sind mit einem Seil verschnürt und damit jederzeit leicht wieder lösbar. Damit kommt deutlich die Wandelbarkeit zum Ausdruck, die nach fernöstlicher Auffassung die einzige wirkliche Konstante in der Natur darstellt.

Auch Frank Lloyd Wright unterstützt durch eine de- 091 zente und natürliche Farbigkeit seiner Bauten die Wahrnehmung der sich wandelnden Natur. Ebenso ist das Material innen wie außen so gewählt, dass

trates another process: the development of the natural material and its integration into a man-made structure.

On the inside, you walk over the fine Tatami mats, the polished wooden floor in the gallery and over the thin bamboo poles underneath the canopy towards the outside. Every surface 088 has its own character: the wood becomes more and more vivid by usage and the exposed bamboo clearly shows weather stains. These elements, which have been treated to different degrees, each show a varying spatial relationship to one another.

Usually, a large area of a Japanese house is completely open towards the garden, so that 090 humans can use all their senses to experience nature. The minimalist interior furnishing intensifies this effect. Every detail and also every movement or change can be observed, without distraction, in this ambience.

An equally typical example of Japanese building style is evident in the joints connecting the pergola. The poles connecting the bamboo trellis are tied together with a rope – thus 089 allowing them to be easily released at any time. This is an immediate expression of the building's transformative character, which – in far-eastern philosophy – is the only real constant.

Frank Lloyd Wright also supports the perception of nature's transforming power through

088 Übergang von innen nach außen im
Bodenmaterial des japanischen Hauses
The transition from inside to outside in the
flooring material of a Japanese house

089   Bambuspergola, Kyoto
Bamboo pergola, Kyoto

090   Shisendo, Kyoto, 1636–41
Shisendo, Kyoto, 1636–41

091   Frank Lloyd Wright, Fallingwater House,
Bear Run, Pennsylvania, 1935–37, Eingang
Fallingwater House, Bear Run, Pennsylvania,
1935–37, entrance

092 Mies van der Rohe, Farnsworth House, Wohnraum
Mies van der Rohe, Farnsworth House, living room

093 Alvar Aalto, Villa Mairea, Außenwand
Alvar Aalto, Villa Mairea, external wall

091

wie im traditionellen japanischen Haus der Alterungsprozess erkennbar wird. In der Architektur Wrights wird das Zusammenspiel gegensätzlicher Elemente auf vielen Ebenen und an unterschiedlichen Details fassbar; dies verleiht seinen Bauten eine ganz eigene Dynamik. Beispiele für diese überraschenden Verbindungen heterogener Teile zu einem harmonischen Gesamtbild finden sich am Fallingwater House: Die großen, glatt geschliffenen Betonplatten und das kleinteilige Mauerwerk aus Bruchsteinen weisen jeweils einen völlig unterschiedlichen Bearbeitungsgrad auf und lassen zudem ganz verschiedene Lebensspuren sichtbar werden.

Im Gegensatz zu Wrights Hervorhebung der Kontraste wirkt das Farnsworth House von Mies van der Rohe zunächst völlig alterslos. Ein Prozess ist kaum erkennbar. Obwohl er damit eine wichtige natürliche Komponente vernachlässigt, schafft er so, 092 ähnlich der Innengestaltung des japanischen Hauses, eine Neutralität, die den Lebensprozessen der Natur eine umso größere Bedeutung gibt.

Eine andere Möglichkeit, den Bezug zwischen Architektur und Natur herzustellen, lässt sich an Alvar Aaltos Bauten verdeutlichen: Seine Gestaltung macht – anders als der Großteil der modernen Gebrauchsarchitektur – Abnutzung und Verwitterung visuell erfahrbar. Dadurch fügen sich seine Gebäude in ihre Umgebung ein. Das Material der 093 Villa Mairea zum Beispiel ist so ausgewählt, dass sein Alterungsprozess nachvollziehbar wird. Aber

the discreet and natural colourfulness of his 091 buildings. The material for both the inside and outside of his buildings is chosen so that the aging process – as in a traditional Japanese house – is very apparent. In Wright's architecture, the interplay of contrasting elements is noticeable on different levels and in different details, giving his buildings a quite unique dynamic. Examples of these surprising combinations of heterogeneous parts into a harmonious whole are apparent, for instance, in Fallingwater House: the large, smoothly polished concrete plates and the small-scale masonry of quarried stone each reveal a totally different level of workmanship and also allow quite different vestiges of life to become visible.

Unlike Wright's emphasis of contrasts, Mies van der Rohe's Farnsworth House initially appears totally ageless. Hardly any process can be identified. Although he thus neglects an important natural component, Wright has created something akin to the neutrality of the interior 092 design of a Japanese house, thereby lending the life processes of nature even greater significance.

Alvar Aalto's buildings demonstrate another possibility for creating the relationship between architecture and nature: unlike most modern vernacular Aalto makes the processes of deterioration and weathering visual experiences. This is how his buildings integrate into

094 Peter Zumthor, Haus Truog Gugalun, Detail
Peter Zumthor, The house of Truog Gugalun, detail

095 Peter Zumthor, Haus Truog Gugalun, Versam, 1990–94
Peter Zumthor, The house of Truog Gugalun, Versam, 1990–94

es geht Aalto nicht nur darum, einen natürlichen Ablauf nachvollziehbar zu machen. Durch die notwendige Pflege – die weiße Wand muss gestrichen, das Holz geölt und der Garten gejätet werden – bindet er auch den Menschen in den Lebensprozess des Hauses mit ein.

Ähnlich wie Aalto integriert auch der Schweizer Peter Zumthor seine Bauten mit viel Feingefühl in den Lebensverlauf der Natur. Die dezente Farbigkeit des unbehandelten Materials lässt die sich wandelnden Farben der umgebenden Natur gut zur Geltung kommen. Am Material selbst können sich der Alterungsprozess und die Spuren der Benutzung abzeichnen. Die Außenwand des Ateliers Zumthor etwa macht durch die Witterungsspuren, die das Holz grau werden ließen, deutlich, dass auch das vom Menschen Geschaffene der Veränderung unterworfen ist.

Wenn Zumthor Neues zu Altem fügt, nimmt er die vorhandenen Strukturen auf; dennoch behält das Neue seine Autonomie: Der Holzanbau am Haus Truog Gugalun greift die horizontalen Linien des alten Blockhauses auf. Er unterscheidet sich zwar in der Fassadenstruktur, aber er wird sich farblich mit der Zeit und den Witterungseinflüssen dem Altbau anpassen. Auch der Neubau hat Fensterläden, jedoch zum Schieben. Das Haus ergibt eine Gesamtkonstruktion, in dem das Alte und Neue einen Lebensprozess erfahren, in ihren Unterschieden und Ähnlichkeiten.

Das Schindler-Haus des österreichischen Architekten Rudolf M. Schindler [1887–1953] weist von den hier genannten westlichen Beispielen die viel-

their surroundings. The materials he uses in his Villa Mairea, for example, are chosen to make their aging process easily understood. But Aalto is not only interested in making a natural process comprehensible. By mean of essential maintenance duties – whitewashing the wall, oiling the wood and weeding the garden – he also includes human beings in the house's life process.

Like Aalto, the Swiss Peter Zumthor also integrates the life process of nature into his buildings with great subtlety. The discreet colourfulness of the untreated material allows the changing colours of surrounding nature fully to assert themselves. The aging process and vestiges of previous use can be discerned on the material itself. The weather stains on the exterior wall of Zumthor's studio, for instance, which turn the wood grey, make it clear that things created by humans are also subject to change.

When Zumthor adds new to old, he adopts the existing structures; and yet the new element retains its autonomy: the wooden extension to his House Truog Gugalun, for example, follows the horizontal lines of the old block-style house. Although it changes the structure of the façade over time he will make sure it conforms to the main building's colour as determined by the weather. The new extension also has window shutters, but they can be pushed sideways. The house constitutes an overall design in which the old and new experience a life

096   Rudolf M. Schindler, Schindler-Haus, West Hollywood, 1921–22
Rudolf M. Schindler, Schindler House, West Hollywood, 1921–22

leicht stärksten Parallelen zur japanischen Tradition auf: Eine große Fensterfront lenkt den Blick in den Garten und unterstreicht seine Bedeutung. Alle Baumaterialien sind so gewählt, dass sich an ihnen die Lebensspuren abzeichnen. Die Leere des Zimmers schafft zusätzlichen Freiraum und betont jedes Detail, ob drinnen oder draußen.

Charles und Ray Eames setzen das japanische Prinzip des wandelbaren Hauses um, indem sie im Case Study House #8 einen fein regulierbaren Raum schaffen, der wie eine Bühne für verschiedenste Szenarien nutzbar ist. Er bietet Freiraum für ein vielseitiges Erleben, dessen Spuren sich nur in Momentaufnahmen zeigen.

Wie die Haut des Menschen, so bekommt auch die Oberfläche von Holz und Stein mit der Zeit eine ausgeprägtere Struktur. Indem also diese Materialien einen Alterungsprozess erfahrbar machen, können sie vielleicht auch eine Umgebung schaffen, die uns die Vergänglichkeit des Menschen eher akzeptieren lässt.

Ein Beispiel hierfür findet sich im Wohn- und Bürohaus von Sarah Wigglesworth in London. Hier ist eine Wand aus mit Zement gefüllten Sandsäcken erstellt, deren Gewebe sich durch Abwitterung zersetzt und den so geformten Zement freigibt. Der Prototyp eines Passivenergiehauses, in dem die Architekten selbst wohnen, soll vor Augen führen, dass sich mit gezielt gewähltem Baumaterial nicht nur kostengünstig, sondern auch nachhaltig und sehr kreativ bauen lässt.

process with all its differences and similarities. Of all the western examples cited here, the Schindler House, by the Austrian architect Rudolf M. Schindler [1887–1953], probably shows the clearest parallels to Japanese tradition: a large window frontage switches attention to the garden and emphasises its meaning. All building materials are chosen so that vestiges of life are still apparent on them. The emptiness of the room creates additional free space and emphasises every detail, whether internal or external.

Charles and Ray Eames applied the Japanese principle of a transformable house, by creating – in Case Study House #8 – a room that could be subtly adapted. The room can be used like a stage for the most diverse scenarios. It offers a free space for diverse experience, whose traces are only evident in snap-shots.

Just like human skin, the surface of wood and stone gains a more defined structure over time. While these materials make an aging process more accessible to experience, they may perhaps also create an environment that enables us more readily to accept man's ephemeral nature.

An example of this is in the apartment and office building by Sarah Wigglesworth. Here, a wall consists of sandbags filled with concrete. The fabric of the bags is worn by the weather and exposes the concrete, which formed in

097   Charles und Ray Eames, Case Study House #8, Santa Monica, 1945–1949, als Meditationsraum [Aufnahme aus dem Jahr 1951]
Charles and Ray Eames, Case Study House #8, Santa Monica, 1945–49, as a meditation room [photographed 1951]

098   Charles und Ray Eames, Case Study House #8, als Wohnraum (Aufnahme aus dem Jahr 1958)
Charles and Ray Eames, Case Study House #8, as a living room [photographed 1958]

099   Hans Peter Wörndl, Gucklhupf, Gucklhupfberg, 1993, geschlossen, von oben
Hans Peter Wörndl, Gucklhupf, Gucklhupfberg, 1993, closed from above

100   Hans Peter Wörndl, Gucklhupf geöffnet, von oben
Hans Peter Wörndl, Gucklhupf, opened from above

101   Steven Holl, Storefront for Architecture, New York, 1993, geschlossen
Steven Holl, Storefront for Architecture, New York, 1993, closed

102   Steven Holl, Storefront for Architecture geöffnet
Steven Holl, Storefront for Architecture, New York, 1993, open

099 Das Ausstellungs- und Badehaus Gucklhupf am Mondsee von Hans Peter Wörndl wurde als temporärer Bau errichtet. Die Konstruktion erlaubte 100 komplexe räumliche Metamorphosen, die den Innenraum auf vielfältige Weise mit der Umgebung verbanden und die Wahrnehmung der Landschaft schärften. Ein interessanter Vergleich ergibt sich 101 aus der Gegenüberstellung mit der Storefront for 102 Architecture von Steven Holl. Beide Gebäude entfalten ihren Reiz durch vielseitig nutzbare Klappelemente. Dabei ergibt sich eine natürliche Bewegung, gleich einer sich öffnenden Blüte.

Wie auch immer der Prozess des Lebens in der Architektur dargestellt wird, ob durch vergängliches Material, zeitlich begrenzte Konstruktionen, wandelbare Räume oder indem unser Blick auf den Wandel der Natur gelenkt wird – will die Architektur Teil des menschlichen Lebens sein, muss sie Raum schaffen für dieses Erleben.

this shape. The prototype of a passive energy building, where the architects themselves live, is to show that it is possible to build in an economic, sustainable and very creative way with deliberately chosen building material.

The exhibition and bath house Gucklhupf on 09 Moon Lake by Hans Peter Wörndl was erected as a temporary structure. The construction permitted complex spatial metamorphoses, which 10 connected the interior space in diverse ways with the environment and intensified the way the landscape was perceived. An interesting comparison can be drawn from the contrast 10 with Steven Holl's Storefront for Architecture. 10 Both buildings reveal their charm through collapsible elements that can be used in many different ways. This process results in a natural movement that resembles a flower opening its petals.

No matter how the process of life is represented in architecture, whether by transient material, temporally restricted constructions, convertible rooms or through our attention being directed to nature's transformations – if architecture wishes to be part of human life it has to create space for this experience.

103   Sarah Wigglesworth, Büro- und Wohnhaus, London, 2000, Fassade aus Zementsäcken
Sarah Wigglesworth, office and apartment building, London, 2000, façade out of concrete sacks

INNEN UND AUSSEN   **INSIDE AND OUTSIDE**

Um in der Architektur die Einheit des Menschen mit der Natur darzustellen, ist es von entscheidender Bedeutung, einen Bezug zwischen Innen- und Aussenraum zu schaffen. Beide sollten so miteinander verbunden sein, dass Unterschiede und Trennendes nicht mehr vordergründig wahrgenommen werden. Dies wird möglich, wenn die Definition der Grenze von Wohnraum und Umwelt, wie in vielen japanischen Häusern, über einen Zwischenbereich erfolgt, in dem Innen- und Außenwelt ineinander übergehen können.

Je wichtiger die räumliche Funktion dieses Bereiches ist, desto vielseitiger können die Übergänge gestaltet werden. Der Umgang des japanischen Hauses, über den man alle Räume betreten kann, ist ein solcher Zwischenbereich, in dem die Elemente von Innen- und Außenraum aufeinander treffen. Er bietet zusätzlich verschiedene Möglichkeiten, diese Beziehung zu steuern. Je nach Witterung und Jahreszeit können die Schiebeelemente aus Holz und Papier zwischen Innenraum und Umgang auf- oder zugeschoben werden. Die als Schutz am Dach befestigten Bambusrollos dienen zum Beispiel bei starkem Sonnenschein der Regulierung.

Eine moderne Interpretation dieses Prinzips findet sich im Peninsula House von Sean Godsell. Dieses Gebäude wirkt wie ein Haus im Haus. Es hat eine doppelte Hülle, bestehend aus einer außenliegenden Holzlattenkonstruktion für den Sonnenschutz und einer den Wohnraum umschließenden Innenhülle aus Glas als Wetterschutz. Die Erschließung liegt wie beim traditionellen japanischen Haus im Zwischenraum der beiden Schichten. Formale Strenge, natürliche Materialien und das Ineinandergreifen von Innen- und Außenraum schaffen hier eine einzigartige Harmonie von Mensch, Architektur und Natur.

To represent the unity of man with nature in architecture, it is decisively importance to create a relationship between interior and exterior space. Both should be connected with one another so that differences and divisions are no longer immediately obvious. This becomes possible if the distinction between living space and the environment is achieved by an intermediate area, in which the inner and outer world can overlap. This is the case in many Japanese houses.

The more important the spatial function of this area, the more varied the design of the transitions can be. The wooden deck of the Japanese house, which gives access to all its rooms, is this kind of intermediate zone, where the elements of inner and outer space converge. Furthermore, the deck also offers different ways of controlling this relationship. Depending on the weather and the season, the sliding elements – made of wood and paper – between the inside room and the deck can be pushed open or shut. The bamboo blinds on the roof also serve, for instance, as a way to protect the house against fierce sun.

A modern interpretation of this principle is evident in Peninsula House by Sean Godsell. This building appears like a house within a house. It has a double skin, consisting of an external wooden-slat structure and an inner skin made of glass that envelops the living space and serves as weather shield. The visitor enters the building via the interim zone within the two skins, as with the traditional Japanese house. Formal strictness, natural materials and the merging of inner and outer space create a unique harmony here between man, architecture and nature.

ar+d PRIZEWINNER
HOUSE, MELBOURNE, AUSTRALIA
Architect
SEAN GODSELL

long section

upper level

cross section

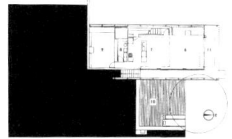

lower level (scale approx 1:420)

104   Umgang eines japanischen Hauses
Gallery

105   Bambusvorhang: leichter Sicht- und Sonnenschutz
The bamboo curtain: light view and sun protection

106   Sean Godsell, Peninsula House, Melbourne 2002, Ansicht längs
Sean Godsell, Peninsula House, Melbourne 2002, side view

107   Peninsula House, Ansicht quer
Peninsula House, front view

108   Peninsula House, Zeichnungen
Peninsula House, drawings

109　Mönch im Innenraum des Daitoku-ji-Tempels
Monk in the interior of the Daitoku-ji Temple

110　Shigeru Ban, Curtain Wall House, Tokyo, 1995
Shigeru Ban, Curtain Wall House, Tokyo, 1995

Die Feinheit und Klarheit der Innenräume des traditionellen japanischen Hauses unterstreicht den Charakter der Außengestaltung, da sie im Gegensatz zu ihr steht. Der Mensch – als Teil der Natur – erhält in einem solchen Raum eine besondere Präsenz. Die lichtdurchlässigen *shoji* [Schiebewände aus Papier] schaffen weiche Raumgrenzen und betonen so das Verbindende.

Das Tokyoter Curtain Wall House von Shigeru Ban nimmt dieses Prinzip auf: Der weiße Bau im städtischen Ambiente Tokyos ist so konzipiert, dass seine Bewohner ihn weitestgehend offen nutzen können. Die innenräumlichen Konditionen wie Ausblick, Licht, Wind und Temperatur können durch die innenliegenden Glasschiebewände und den außenliegenden, über zwei Geschosse durchgehenden Vorhang aus Stoff reguliert werden.

Nicht nur mit Übergängen können Begegnungen geschaffen werden, auch über das Vertauschen von Elementen aus dem Innen- oder Außenbereich: Ein unbehauener Baumstamm im nüchtern gestalteten Teeraum oder ein orthogonaler Stein im natürlichen Umfeld des Gartens machen die Gleichzeitigkeit beider Bereiche bewusst.

Die Tokonoma-Nische, ein Altar, auf dem Blumen oder Früchte – der jeweiligen Jahreszeit entsprechend – platziert werden, bringt die Natur ins Innere des Hauses. Aber auch der Blick aus dem Fenster transportiert die Wirkung des Gartens in den leeren Raum, dessen Klarheit lässt die Aussicht zu einem Bild werden.

The fineness and clarity of the interior rooms of the traditional Japanese house emphasise the character of the exterior design, which are diametrically opposed to it. Moreover, each human individual – as a part of nature – acquires a special presence in this sort of room. The translucent *shoji* [sliding walls of paper] create soft room boundaries, thus always emphasising existing connections.

The Curtain Wall House by Shigeru Ban also creates such a soft space boundary. The white building in the urban ambience of Tokyo is designed so that its residents can use it in the most open way possible. The interior conditions such as outlook, light, wind and temperature can be regulated by glass sliding walls from the inside and the fabric curtain attached on the outside and covering two floors. Meetings can be initiated not only by intermediate areas, but also by transferring elements from the inner to the outer area, or vice versa: an un-crafted tree trunk in the soberly designed tearoom or an orthogonal stone in the natural surroundings of the garden heighten awareness of the simultaneity of both zones.

The Tokonoma-Niche, an altar, where flowers or fruits are placed – depending on the season – brings nature into the house's interior. But the view out of the window also transfers the effect of the garden to the vacant room, whose clarity makes the view into a picture.

INNEN UND AUSSEN_**INSIDE AND OUTSIDE**

111_112_113

114

111 Ein naturbelassener Baumstamm
als Stütze im Teeraum
A tree trunk in its natural state used
as support in the tearoom

112 Tokonoma-Nische
Tokonoma-niche

113 Trittsteine im Garten
Stepping-stones in the garden

114 Innenraum mit Fenster
Interior with window

115 Innenraum mit Bild
Interior with picture

115

Frank Lloyd Wright setzt mit seinem Fallingwater House die Idee der Verbindung von Innen und Aussen auf beeindruckende Weise um: Überall integriert er natürliche Elemente, so dass die Gestaltung der Innenräume beständig auf das Äußere verweist. Der Bau ist auf einen Felsen gesetzt, der an mehreren Stellen, wie in der Küche oder im Wohnraum, das Mauerwerk „durchbricht". Der Steinfußboden erinnert in seiner Oberflächenstruktur an das Wasser unterhalb des Hauses. So verbindet Wright in diesem Haus die Elemente Stein, Feuer und Wasser.

Auch Mies van der Rohe schafft zwischen seinen Gebäuden und der Landschaft vielfältige Verbindungen. Seine Entwürfe, mit oftmals einander nicht berührenden Scheiben und Wänden, sind so angelegt, dass alle Bereiche fließend ineinander übergehen. In dem so entstehenden Raumkontinuum gestaltet van der Rohe die Fassade als Raumbegrenzung so filigran und durchlässig wie möglich. Die reduzierte Innenausstattung unterstreicht diesen Eindruck zusätzlich. Es zeigt sich, dass Mies van der Rohe den Austausch zwischen Innen und Außen sorgfältig komponiert. Er formuliert sein Konzept so: „Innen ist Außen ist Innen".

Ein ähnliches Prinzip verfolgt Alvar Aalto – mit anderen Mitteln. Er verwendet im Inneren seiner Gebäude für die jeweilige Landschaft typische Elemente, die zwar abgewandelt sind, aber immer noch an die Natur erinnern. Die Grenze zwischen Haus und Umgebung ist nur diffus wahrzunehmen, umso deutlicher wird so die gleichzeitige Präsenz von Innen und Außen.

Die Villa Mairea steht auf einem dicht bewaldeten Grundstück. Der Eingang, der mit vielen dünnen Holzstäben gestaltet ist, scheint gar nicht in einen gebauten Raum zu führen, sondern vielmehr auf die Bäume zu verweisen. Auch die Treppe ist von Rundhölzern gehalten und trägt damit den Bezug zum umliegenden Wald weiter in das Innere des Hauses. Der Grundriss der Villa wurde von Aalto so angelegt, dass Außen- und Innenraum ineinandergreifen. Es gibt keine klaren Grenzen. Die Bruch-

In his Fallingwater House, Frank Lloyd Wright impressively applies the idea of connection, integrating natural elements everywhere so that the design of the interiors always evokes the exterior. The building is placed on a cliff, which "breaks through" the masonry in several places, such as in the kitchen or living room. The surface structure of the stone floor is reminiscent of the waterfall underneath the house. Wright thus combines the elements of stone, fire and water in this house.

Mies van der Rohe also creates multiple connections between his buildings and the landscape. His designs, which often have panels and walls that do not touch each other, are arranged so that all areas flow into one another. In the space continuum that thus emerges, van der Rohe designs the façade as a room boundary in as delicate and transparent a manner as possible.

The minimalist interior furnishing further underlines this impression. It emerges that Mies van der Rohe carefully composes the transition between inside and outside. He formulated his idea as follows: "Inside is outside is inside".

Alvar Aalto follows a similar principle – with different methods. In the interior of his buildings, he uses characteristic features for the respective landscape, which, though varied, still evoke nature. The distinction can only be observed indistinctly, but the simultaneous presence of the inside and outside becomes even more evident.

The Villa Mairea is located on a site a densely forested site. The entrance has been formed out of several narrow wooden stakes. It appears not to lead to a constructed room at all, but rather to point to the trees. Additionally, the staircase is made up of round timber sections and thus carries the reference to the surrounding woods further into the house's interior. Aalto designed the villa's plan so that the external and internal spaces should merge with

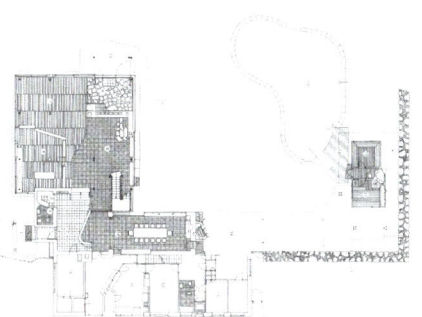

116   Frank Lloyd Wright,
Fallingwater House, Küche
Frank Lloyd Wright,
Fallingwater House, kitchen

117   Fallingwater House, Kamin
Fallingwater House, fireplace

118   Fallingwater House, Wohnraum
Fallingwater House, living room

119   Mies van der Rohe, Landhaus in
Backstein, Projekt, 1923, Grundriss
Mies van der Rohe, country house in
brick, project, 1923, plan

120   Mies van der Rohe,
Farnsworth House, Schlafbereich
Mies van der Rohe,
Farnsworth House, sleeping area

121   Alvar Aalto, Villa Mairea, Grundriss
Alvar Aalto, Villa Mairea, plan

122   Alvar Aalto, Villa Mairea, Treppe
Alvar Aalto, Villa Mairea, staircase

123 Alvar Aalto, Villa Mairea, Kamin
Alvar Aalto, Villa Mairea, fireplace

124 Alvar Aalto, Stadtbibliothek Viipuri, Vortragssaal, 1933
Alvar Aalto, city library Viipuri, lecture theatre, 1933

steinwand an der Sauna reicht weit in die Land-schaft hinein und verbindet so die Architektur mit der Natur. Ein Schwimmbecken verweist in seiner Form auf den nahegelegenen See und vermittelt gleichzeitig zwischen der Landschaft, dem Garten und der orthogonalen Baustruktur. Die geschwun-gene Seitenwand des Kamins im Wohnraum bringt das einfallende Licht zum Fliessen: Innen und Aus-sen, Licht und Schatten begegnen sich.

Die Decke des Vortragssaales der Stadtbibliothek im finnischen Viipuri hat Aalto der hügeligen Land-schaft nachempfunden. Durch diese doppelte Ver-tauschung von innen und außen sowie gleichzeitig von oben und unten scheinen die Grenzen vollstän-dig aufgelöst zu sein. Das zugrunde liegende Kon-zept hat Aalto so formuliert:

DIE SANFTHEIT DER NATUR FLIESST IN DIE SANFTHEIT DES RAUMES EIN. BEIDES BEWIRKT EINE AURA, DIE SICH INNERLICH FESTIGT, DA WO INNENWELT UND AUSSEN-WELT SICH BERÜHREN. [...] NUR DIE GÖTTLICHE NATUR UND DER MENSCH IM EINSWERDEN MIT DIESER NATUR.

In seinem Wettbewerbsbeitrag für die Bibliothek in Jussieu hat der niederländische Architekt Rem Koolhaas die einzelnen Ebenen des Baus durch ein Gefälle so ineinander übergehen lassen, dass ein etagenübergreifendes Raumkontinuum entstand. Bei seinem Entwurf zum Universitätsgebäude in Utrecht drückt Koolhaas das Konzept der Faltung auch in der Außengestalt aus.

one another. There are no clear boundaries. The quarried masonry wall in the sauna stretches far into the landscape, thus connect-ing architecture with nature. Formally, a swim-ming pool evokes the nearby lake and at the same time creates a link between the land-scape, the garden and the building's orthogo-nal structure. The curving sidewall of the fire-place in the living room makes the daylight falling into the room flow; both inside and out-side, light and shade meet.

In the city library of the Finnish town of Viipuri, Aalto recreated the ceiling of the lecture the-atre as if it were the undulating landscape. All boundaries seem totally dissolved by this dou-ble transfer of inside and outside, as well as of upper and lower. Aalto formulated the concept underlying all of this as follows:

THE GENTLENESS OF NATURE FLOWS INTO THE GEN-TLENESS OF THE ROOM. BOTH PRODUCE AN AURA, WHICH SOLIDIFIES INWARDLY AT THE POINT WHERE THE INNER AND OUTER WORLD TOUCH. [...] ONLY DIVINE NATURE AND HUMANS BECOMING ONE WITH THIS NA-TURE.

In his competition entry for the library in Jus-sieu, the Dutch architect Rem Koolhaas al-lowed the individual floors of the building to flow into one another by tilting them in such a way that a space continuum emerged incorpo-

125 Rem Koolhaas, Modell für die Bibliothek in Jussieu, 1992
Rem Koolhaas, model library, Jussieu, 1992

126 MVRDV, Modell Kaufhaus
MVRDV, design for a department store

127 129 Rem Koolhaas, Educatorium Utrecht, 1992–96
Rem Koolhaas, Educatorium, Utrecht, 1992–96

130 Foreign Office Architects, Yokohama Terminal, 2002, Dachlandschaft
Foreign Office Architects, Yokohama Terminal, 2002, roofscape

131 Foreign Office Architects, Yokohama Terminal, 2002, Innenraum
Foreign Office Architects, Yokohama Terminal, 2002, interior

Mit der Faltung als Verbindung von Innen- und Aussenraum beschäftigt sich auch das niederländische Architekturbüro MVRDV. Ihr Modell für ein Kaufhaus bezieht den davorliegenden Platz in die Konzeption mit ein. Die Faltung einer einzigen großen Fläche schafft dafür die bauliche Grundlage: Böden, Wände und Decken gehen fließend ineinander über. Dieses Prinzip bietet gegenüber herkömmlichen Lösungen eine völlig neue Möglichkeit für das Ineinandergreifen von Architektur und Landschaft.

Foreign Office Architects übertragen diese Idee mit ihrem Wettbewerbsbeitrag für den Yokohama Terminal in ein Großprojekt. Die verschiedenen Ebenen des Fährterminals sind so miteinander verbunden, dass auch hier eine Architekturlandschaft entsteht, in der Innen- und Außenräume fließend ineinander übergehen und sich zu einem scheinbar grenzenlosen Raumkontinuum fügen.

Die bereits in der japanischen Gestaltung beschriebene Möglichkeit, durch die Schaffung eines ambivalenten Zwischenraums die Grenzen zwischen innen und außen architektonisch zu verwischen, findet in der Pergola vor Peter Zumthors Atelier in Haldenstein eine Entsprechung in der westlichen Architektur.

Bei dem Museum für den japanischen Künstler Hiroshige Ando greift Kengo Kuma die Thematik der Schichtung aus dessen Kunst in seiner Architektur auf. Eine Stahlstruktur trägt die den Innen- und Außenraum prägenden, wie in einer Zeichnung

rating all floors. For his design of the university building in Utrecht, Koolhaas expressed the concept of "folding" in the exterior structure, too.

The Dutch architectural studio MVRDV is also working on the idea of "folding" as a connection of interior and exterior space. Their design for a department store includes the square in front of the store. The "folding" of a single large area creates the structural basis for this: floors, walls and ceilings merge fluidly into one another. Unlike conventional solutions, this principle offers an entirely new possibility for integrating architecture and landscape.

As their competition entry for Yokohama Terminal "Foreign Office Architects" transformed this idea into a major project. All the various floors of the ferry terminal are connected in such a way that an architectural landscape is also created here – interior and exterior spaces fluidly merge with one another and culminate in a seemingly limitless space continuum.

The possibility of architecturally blurring the boundaries between inside and outside by creating an ambivalent intermediate space is already described in Japanese design and this is matched in western architecture in the pergola in front of Peter Zumthor's studio in Haldenstein.

With the museum for the Japanese artist Hiroshige Ando, Kengo Kuma adopts in his ar-

INNEN UND AUSSEN_INSIDE AND OUTSIDE

132   Peter Zumthor, Atelier Haldenstein, 1985–86
Peter Zumthor, Studio Haldenstein, 1985-86

133   Herzog & de Meuron, Dominus Winery, Nappa Valley, 1995–97
Herzog & de Meuron, Dominus Winery, Nappa Valley, 1995–97

134 135   Kengo Kuma, Museum Hiroshige Ando, Toshigi, 1998-2000
Kengo Kuma, Museum Hiroshige Ando, Toshigi, 1998–2000

136 Kengo Kuma, Great Bamboo Wall, Peking, 2000–02
Kengo Kuma, Great Bamboo Wall, Beijing, 2000–02

137 Kazuyo Sejima und Ryue Nishizawa, Weekend House, Gifu, 1997/98
Kazuyo Sejima and Ryue Nishizawa, Weekend House, Gifu, 1997/98

135 frei schwebenden feinen Holzlatten. Die Zartheit dieser Latten stellt einen Bezug zu den Pflanzen des angrenzenden Bambuswaldes her und sorgt dafür, dass der riesige Bau durchlässig wirkt.

136 Dieselbe Vorgehensweise findet sich bei der Great Bamboo Wall wieder. Diese liegt neben der Großen Mauer in China und wird als Herberge genutzt. Kengo Kuma beschäftigt sich in dieser einfachen Bambuskonstruktion mit dem Thema der Wand und löst diese dabei so stark auf, dass Innen- und Aussenraum in dem entstehenden Filter miteinander verschmelzen können.

Auch durch die Oberflächengestaltung kann eine Verschiebung der Grenzen hervorgerufen werden. Deutlich wird das an der Dominus Winery, einer Weinkellerei von Herzog & de Meuron im kalifor-

133 nischen Nappa Valley. Die Außenwand besteht aus in Drahtkäfigen geschichtetem Geröll – eine massive und gleichzeitig lichtdurchlässige Grenze, die durch ihre Speicherfähigkeit außerdem auf natürliche Weise das Klima im Inneren reguliert. Um Wein aus der Kellerei zu holen, geht man durch die verspiegelte Eingangstür und sieht dabei gleichzeitig das im Hintergrund liegende Feld in der Spiegelung – als ginge man direkt in den Weinberg. Ursprung und Wirkung sind nicht mehr getrennt wahrzunehmen.

138 Die im Baseler Hauptbahnhof installierte Signal Box von Herzog & de Meuron ist wie eine Induktionsspule mit Kupferbändern umwickelt, die an der Stelle, an der das Licht eindringen soll, verdreht

chitecture the theme of layering from Ando's art. A steel structure carries the fine wooden slats that characterize the interior and exterior 135 space and are freely suspended as if in a drawing. The delicacy of these slats creates a reference to the plants in the neighbouring bamboo forest and ensures that the giant building appears transparent.

This same approach is seen again in the Great Bamboo Wall. This is located next to the Great 136 Wall in China and used as a hostel. Kengo Kuma takes up the subject of the wall in this simple bamboo construction and dissolves this so strongly in the process that the interior and exterior space can merge with one another in the filter that is thus created.

The design of surfaces can also bring about a displacement of boundaries. This is evident at Dominus Winery, the wine cellars designed by Herzog & de Meuron in California's Nappa Valley. The external wall consists of scree and 133 boulders, stored in layers in wire cages – a solid and simultaneously translucent boundary, whose storage capacity also regulates the temperature in a natural way. To fetch wine from the cellar, you walk through the mirrored entrance door and at the same time you see the background area in the mirror – as though you're going straight into the vineyard. Origin and consequence can no longer be perceived separately.

INNEN UND AUSSEN_INSIDE AND OUTSIDE

138   Herzog & de Meuron, Zentrale Signalbox, Basel, Bahnhof, 1994–99
Herzog & de Meuron, Central Signal Box, Basel, station, 1994–99

sind. Diese funktionale Idee vertauscht und verbindet gleichzeitig innen und außen.

137 Kazuyo Sejima und Ryue Nishizawa setzen im Weekend House bei der Verbindung von Innen- und Außenbereichen traditionelle japanische und moderne Elemente ein. Teile des Inneren sind ohne Dach gebaut und geben einem Garten Platz im Wohnzimmer. Der restliche Raum spiegelt sich schemenhaft in der lackierten Decke – die obere Raumbegrenzung löst sich auf.

Eine Beziehung zur Umwelt herzustellen, ist ein zentrales menschliches Bedürfnis. Über die Schaffung allmählicher Übergänge oder auch durch das Vertauschen von Innen- und Außenraum kann die Architektur diesem Erfordernis baulich entsprechen.

The Central Signal Box by Herzog & de Meuron 13 installed in Basel main station looks like an induction-coil enveloped by copper strips, which are twisted at the point where the light should seep through. This functional idea simultaneously transfers and connects the inside and outside.

Kazuyo Sejima and Ryue Nishizawa use traditional Japanese and modern elements to connect interior and exterior zones in Weekend 13 House. Parts of the interior are built without a roof and give room to the garden within the living area. The remaining space is schematically reflected in the lacquered ceiling – the upper space demarcation dissolves.

Having a relationship with the environment is a crucial human requirement. By creating gradual transitions, or also by reversing interior and exterior space, architecture can reflect this requirement structurally.

AMBIVALENZ   **AMBIVALENCE**

Unser Selbstverständnis fordert, dass wir uns immer wieder unserer Existenz vergewissern, indem wir unseren Standpunkt in der Welt neu bestimmen. Bei allem, was wir wahrnehmen, suchen wir den Bezug zu unseren bisherigen Erfahrungen und versuchen, Neues in diesen Zusammenhang einzuordnen. Begegnen uns aber Mehrdeutigkeiten, wird ein solches Kategorisieren unmöglich und die Oberflächlichkeit der Wahrnehmung wird durchbrochen. Neugier und Offenheit können uns dazu bringen, genauer hinzusehen. Unsere Sinne nehmen schärfer wahr. Gelingt es uns jetzt noch, frei und unvoreingenommen zu sein, kann es sein, dass wir im Betrachteten etwas Universelles aufblitzen sehen.

Das Kapitel *Innen und Außen* hat die Ambivalenz in Bezug zum Raum dargestellt: Wenn durch die Gestaltung Innen und Außen nicht mehr deutlich getrennt voneinander wahrgenommen werden können, begreift sich der Mensch in einem größeren Zusammenhang. Dafür muss aber eine Konstellation geschaffen und ein Zustand erzeugt werden, die eine unwillkürliche Einordnung in unsere bisherigen Erfahrungen unmöglich machen. Erst dann kann sich die Wahrnehmungsfähigkeit für eine neue Situation öffnen – und uns überrascht staunen lassen.

140 Das Chamäleon oder die Gottesanbeterin geben uns Beispiele einer natürlichen Ambivalenz. Beide Tiere nehmen zur Tarnung die Farben oder Formen ihrer Umgebung an und sind so kaum vom Hintergrund zu unterscheiden. Das notwendige, genauere Sehen gibt uns die Chance für eine unvoreingenommene Betrachtung.

Wir erleben Mehrdeutigkeiten aber nicht nur in der Natur: Sie sind überall und zu jeder Zeit gegenwärtig. *Zwei Seelen wohnen, ach, in meiner Brust* ließ Goethe seinen Faust seufzen. Caravaggio malt den *Sieghaften Amor* mit einem spöttischen Lächeln

Our self-understanding demands that we repeatedly reassure ourselves of our existence, by redefining our standpoint in the world. We search for the link to our previous experiences in everything that we perceive and we try to classify new things in this context. However, if we encounter ambiguities, this instantaneous categorization becomes impossible, and a superficial perception is punctured. Curiosity and openness can make us look more closely. Our senses become more intensely aware. If – even now – we nevertheless succeed in being free and unprejudiced, it is possible that we see something universal illuminate the process of observation.

The chapter *Inside and Outside* illustrated ambivalence in relation to space: if the design of inside and outside can no longer be perceived as clearly separated, humans see themselves in a wider context. However, this requires the creation of a certain configuration, as well as a state of mind that makes it impossible to file things away willy-nilly into experiences we have already had. Only then can our capacity to observe a new situation open up – in which case we can be taken by surprise and duly amazed.

The chameleon or praying mantis gives us 140 examples of ambivalence in nature. As a way to camouflage themselves, both animals adopt the colours or forms of their environment, and thus melt into the background. A necessary closer look offers us the opportunity for an unprejudiced sighting.

We do not experience ambiguities merely in nature – they are present everywhere and at any time. "*Zwei Seelen wohnen, ach, in meiner Brust*" ["Two souls, alas! are dwelling in my breast"], – Goethe's Faust is made to sigh. Ca-

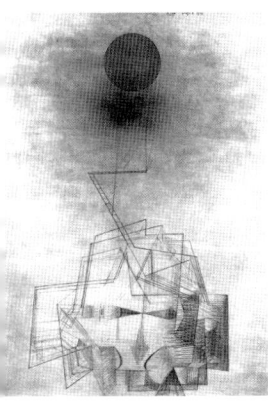

139 Paul Klee, *Grenzen des Verstandes*, 1927
Paul Klee, *Limits of Understanding*, 1927

140 Gottesanbeterin im Schilf
Praying mantis in reeds

und uns gewöhnliche Sterbliche macht der Ausdruck seiner schrankenlosen Freiheit regelrecht
betroffen. Ambivalenz war und ist immer auch ein
kreatives Element und wird in allen Künsten ausge-
drückt, ebenso wie in kultischen Riten. Indianische
Totempfähle zeigen sowohl Täter als auch Opfer, le-
bend und tot, stark und schwach zugleich. In ihrem
„sowohl als auch" verweisen sie auf einen Zusammenhang zunächst einmal offensichtlicher Gegensätze.

Die in einer ambivalenten Erfahrung liegende Möglichkeit beschreibt György Doczi in *Die Kraft der
Grenzen* wie folgt:

WEISHEIT LEBT VON DER SYNTHESE, WISSEN VON DER
ANALYSE. WEISHEIT ERFASST DIE ZUSAMMENHÄNGE SO-
ZUSAGEN MIT DEM INNEREN AUGE, ES GEHT IHR UM
GANZHEIT UND EINHEITLICHKEIT. DEM WISSEN GILT NUR
DANN ETWAS, WENN ES DURCH DIE SINNE UND DEN VER-
STAND BESTÄTIGT WIRD, ES BEGREIFT NUR DAS SPEZI-
FISCHE UND UNTERSCHIEDLICHE.
SOWOHL WISSEN ALS AUCH WEISHEIT GRÜNDEN SICH
AUF DIE ERFAHRUNG, ABER WEISHEIT GRÜNDET TIEFER
IN IHR ALS WISSEN, DAS ERFAHRUNG OFT NUR DURCH
DIE BRILLE DER GEDANKEN UND BEGRIFFE EINLÄSST
UND SICH NICHT SCHEUT, DIE URSPRÜNGE DES LEBENS
AUSSER ACHT ZU LASSEN. WEISHEIT DAGEGEN ÄUSSERT
SICH OFT STAMMELND, IN BILDERN, SYMBOLEN, WIDER-
SPRÜCHEN UND RÄTSELN.

Ohne Frage liegt auch für die Architektur in der
Ambivalenz ein interessantes Kriterium. Sowohl die
japanische als auch die Architektur von Frank Lloyd

ravaggio painted *Amor Victorious* with a mock-
ing smile and the expression of his boundless
freedom makes us mere mortals extremely up-
set.

Ambivalence was and always remains a creative element – expressed in all the arts, as
well as cult rituals. Indian Totem poles represent both perpetrators and victims, living and
dead, strong and weak – all at the same time.
In their "not only but also" they make reference
to a connection between what appear at first
sight to be obvious opposites.

In *Power of Limits*, György Doczi describes the
latent possibility in an ambivalent experience
as follows:

WISDOM THRIVES ON SYNTHESIS, KNOWLEDGE ON
ANALYSIS. WISDOM UNDERSTANDS CONNECTIONS – IN
THE MIND'S EYE, AS IT WERE; IT SEEKS WHOLENESS
AND UNITY. KNOWLEDGE CONSIDERS SOMETHING IM-
PORTANT ONLY IF IT IS CONFIRMED BY THE SENSES
AND BY THE MIND, ONLY GRASPING WHAT IS SPECIFIC
AND DIFFERENT. BOTH KNOWLEDGE AND WISDOM ARE
BASED ON EXPERIENCE, BUT WISDOM IS MORE DEEPLY
ROOTED IN IT THAN KNOWLEDGE, WHICH OFTEN ONLY
OBSERVES EXPERIENCE THROUGH THE SPECTACLES
OF IDEAS AND CONCEPTS, NOT AFRAID TO OVERLOOK
THE ORIGINS OF LIFE. WISDOM, ON THE OTHER HAND,
OFTEN EXPRESSES ITSELF FALTERINGLY – IN IMAGES,
SYMBOLS, CONTRADICTIONS AND PUZZLES.

Without doubt, ambivalence is an interesting
criterion for architecture. Japanese architecture

Wright und Alvar Aalto wirken so beeindruckend und interessant, weil sie mit Mehrdeutigkeiten und Widersprüchen arbeiten.

Die Anordnung der Räume im traditionellen japanischen Haus ist so offen gestaltet, dass man sich in einem undefinierten Raum zwischen Innen und Außen wähnt. Durch die flexiblen Wandelemente lässt sich die Atmosphäre jederzeit beliebig verändern. Das Haus wandelt sich sowohl unter dem Eindruck der persönlichen Stimmungen seiner Bewohner als auch im Laufe der Zeit und ist dabei doch von einer bemerkenswerten Einfachheit.

Die Ambivalenz im Werk Mies van der Rohes liegt im Vertauschen von Innen und Außen, dies erreicht er durch die extreme Reduktion seiner Gebäude. In der Architektur Alvar Aaltos liegt die Mehrdeutigkeit in der Mischung der Stile und in den unklaren Grenzen zwischen Gebäude und Natur begründet. Seine Wandabschlüsse wirken weich wie die Hügelketten oder fließend wie das Licht. Aalto verbindet, was ihm passend erscheint, auch einander widersprechende Ordnungen, und spiegelt so in seiner Architektur die Vielfalt und den Reichtum der Natur. Seine berühmte Glasvase hat den Umriss eines Sees. So wird bei diesem Objekt Glas zu Wasser, Starres zu Fließendem und ein scheinbarer Widerspruch fügt sich zu einer Einheit.

Am Beispiel der in den Bauten eingesetzten Stützen lässt sich die Ambivalenz in der Architektur von Mies van der Rohe, Alvar Aalto und Rem Koolhaas verdeutlichen: Die verspiegelten Ausführungen in Mies van der Rohes Villa Tugendhat verstärken den Eindruck der Synthese von Innen und Außen; Aalto dagegen hat die Stützen in der Villa Mairea teilweise umwickelt, damit sie eine andere räumliche Bedeutung bekommen und das Tragende nicht dominiert. Auch Rem Koolhaas nutzt in seinem Maison à Bordeaux die verspiegelte Stütze als gestalterisches Element; gleichzeitig erweitert er ihre tragende Funktion, indem sie als Liftschacht dient. Aber auch das Vertauschen von Elementen des Innen und Außen findet sich an diesem Bau: Vor dem Haus hängen Vorhänge aus Silberfolie.

and that of Frank Lloyd Wright and Alvar Aalto are so impressive and fascinating because they work with ambiguities and contradictions.

The arrangement of rooms in a traditional Japanese house is designed so openly that you imagine yourself in an undefined space between inside and outside. Because of the flexible wall elements the atmosphere can be altered at whim and at any time. The house changes according to the personal moods of its occupants and over the course of time; and still manages to remain remarkably plain.

Ambivalence in the work of Mies van der Rohe lies in the interchangeability of inside and outside. He achieves this through reducing his buildings to their bare essentials. In Alvar Aalto's architecture, on the other hand, ambiguity comes from the mixture of styles and the blurred boundaries between building and nature. His wall finishings look as soft as mountain ridges, or as flowing as light. Aalto combines whatever seems suitable to him, even contradictory arrangements. In this way, his architecture reflects the diversity and richness of nature. His famous glass vase has the outline of a lake. Thus, in this object glass becomes water; rigidity becomes something flowing and an apparent contradiction constitutes a unity.

The ambivalence in the architecture of Mies van der Rohe, Alvar Aalto and Rem Koolhaas can be examplified by the supports used in the buildings; the mirrored columns in the Villa Tugendhat intensify the impression of a synthesis of inside and outside. Aalto, on the other hand, partially wraps up the columns in the Villa Mairea in order to give them a different spatial significance and to avoid the load-bearing element becoming too dominant. Rem Koolhaas also uses the mirrored column as a design element in his Maison à Bordeaux; at the same time, he extends its load-bearing function, by using it as a lift-shaft. But this building also illustrates the interchangeable ele-

141

142

141

142

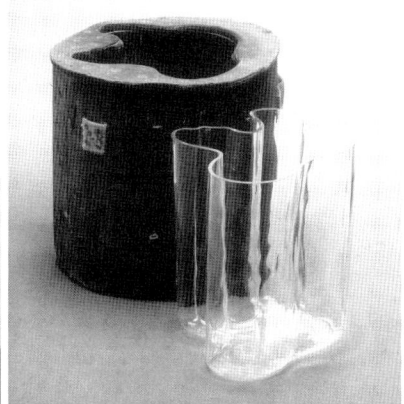

142

143

141 Alvar Aalto, Vase mit Form
Alvar Aalto, vase with form

142 Mies van der Rohe, Villa Tugendhat, Brünn, 1928–30: verspiegelte Stütze
Mies van der Rohe, mirrored columns in the Villa Tugendhat, Brünn, 1928–30

143 Rem Koolhaas, Kunsthalle Rotterdam, 1987–92, Auditorium
Rem Koolhaas, Art Gallery Rotterdam, 1987–92, auditorium

144　Sarah Wigglesworth, Wohn- und Bürohaus, London 2000, Wand aus Strohballen
Sarah Wigglesworth, residential and office building, London, 2000, wall made of straw bails

Anstatt fester Raumabschlüsse verwendet Koolhaas durchgehende Glasscheiben und durchlaufende Böden. Mit der Mischung von Bauteilen und verschiedenster Stile in der Einrichtung erreicht er, ähnlich wie Alvar Aalto, eine ungezwungene Selbstverständlichkeit.

Wie im japanischen Haus tauchen im Ausstellungsraum der von Rem Koolhaas entworfenen Kunsthalle in Rotterdam unbehauene Baumstämme auf. In diesem Ambiente – Neonröhren an der schwarzen Decke, im Hintergrund eine Wand mit Chromosomenmuster – vereint Koolhaas Innen- und Außenwelt, Tag und Nacht sowie die Maßstäbe von Lampen und Sternen, Menschen und Chromosomen. Im Auditorium verwendet er einfache Materialien: Betonboden, OSB-Podeste, Wandverkleidung aus Wellkunststoff. Frei hingestellte bunte Stühle und Traktorsitze als Notsitze schaffen eine Atmosphäre, die von den Klischees eines repräsentativen Ambientes befreit die Wahrnehmung öffnet. Koolhaas' Architektur ist voller Brüche. Die so entstehende, schwer fassbare Spannung schafft durch vielfältige Assoziationsmöglichkeiten eine Atmosphäre, die weit über das konkrete Bauwerk hinausweist.

Der englische *Land-Art*-Künstler Richard Long installiert archaische Steinkreise mitten in der Großstadt und verankert so die Gleichzeitigkeit der Naturlandschaft im Bewusstsein der Städter; die Ambivalenz entsteht durch den fehlenden Kontext. Auch das Wohn- und Bürohaus von Sarah Wiggles-

ments of inside and outside: curtains made from silver foil hang in front of the house. Instead of solid room ends, Koolhaas uses extending glass panes and floors. By mixing building parts and using the most diverse stylistic elements for the furnishing, he achieves an effortless, matter-of-fact attitude, similar to Alvar Aalto's style.

As in the Japanese house, un-hewn tree trunks are also used in the exhibition hall of the Rotterdam art gallery, designed by Rem Koolhaas. In this ambience – neon strip-lighting on the black ceiling, a wall in the background with chromosome patterns – Koolhaas combines inner and outer world, day and night and also the measurements of lamps and stars, humans and chromosomes. In the auditorium, he uses simple materials: concrete floor, OSB-podia, and wall claddings made out of corrugated plastic. Arbitrarily placed brightly coloured chairs and tractor seats as emergency seating create an atmosphere that is completely free of a cliché-ridden "imposing ambience" and thus liberates perception. Rem Koolhaas's architecture is full of dramatic breaks. The tension thus created, which is difficult to grasp, conjures up an atmosphere through many potential associations that point far beyond the concrete building.

The English land artist, Richard Long, sets up archaic stone circles in the middle of the big

AMBIVALENZ_**AMBIVALENCE**

145 Allan Wexler, *Zaun-Möbel*, 1985
Allan Wexler, *Fence Furniture*, 1985

146 Duncan Lewis, Ferienhäuser Jupilles
Duncan Lewis, holiday houses, Jupilles

worth stellt ein im städtischen Umfeld sehr unge-
wöhnliches Bild dar. Das Gebäude ist ein Kong-
lomerat verschiedenster Oberflächen. Eine Wand
ganz aus Strohballen als zweckentfremdetes Element aus dem ländlichen Kontext lässt den Pas-
santen stutzen. Sie dient als Wärmespeicher und
ist mit Kunststoffplatten gegen Regen geschützt.
Auch hier zwingt das Ungewohnte zur genaueren
Betrachtung und verbindet im Bewusstsein des
Betrachters verschiedene Zusammenhänge miteinander.

Der New Yorker Künstler Allan Wexler nutzt für seine Objekte ebenfalls die Wirkung der Ambivalenz.
Sie lassen sich nur schwer definieren und noch
schwerer einordnen und sprechen dadurch umso
stärker die Individualität des Betrachters an. Ist sein
Objekt *Zaun-Möbel* ein Zaun oder eine Bank?

Auch Duncan Lewis will irritieren: Er hat Ferienhäuser konzipiert, die aussehen wie eine Hecke.
Erst auf den zweiten Blick erkennt man, dass man
die Fassade eines Hauses vor sich hat. Im Inneren
der Häuser gibt es eine Tapete mit einem Baum-
motiv – ein abstrahiertes Bild der Umgebung. Im
Unterschied zum traditionellen japanischen Haus
arbeitet der britische Architekt nicht mit direkten
Elementen, sondern mit ihren Abbildungen. Auch
die groben Bretter an der Außenwand sehen aus
wie Baumstämme. Aber auch hier gilt: Nicht der
echte Baumstamm, sondern sein Motiv dient der
Gestaltung und der Vermittlung der freien Natur.

Im Pavillon de l'Anfant von Lewis finden sich in den
allmählichen Übergängen zwischen innen und aussen auch Adaptionen der japanischen Tradition. Der

city and thus anchors the "simultaneity" of a
natural landscape in the city-dwellers consciousness. Here, ambivalence is created by
the missing context.

The residential and office building by Sarah
Wigglesworth represents a very unusual picture in the urban environment. The building is a
conglomerate of the most diverse surfaces. A
wall consisting of bails of straw – an element
deprived of its rural purpose – makes the
passer-by pause. It serves as insulation, being
shielded by plastic panels from the rain. Here,
too, the unusual demands a closer look and
thus combines different contexts in the spectator's mind.

The New York artist Allan Wexler also uses the
power of ambivalence for his objects. They are
hard to pin down, and it is even harder to cata-
logue them. For these very reasons they appeal all the more to the spectator's individuality. Is his object – *Fence Furniture* – a fence or a
bench?

Duncan Lewis also wants to irritate: he has designed holiday houses that look like a hedge.
You only recognize this at a second glance, –
you are confronted by the façade of a house. In
the interior of the houses, there is wallpaper
with a tree motif – an abstracted image from
the surroundings. In contrast to the traditional
Japanese house, the British architect does not
work directly with elements, but their images.
Even the rough beams on the external wall
look like tree trunks. But what counts here: not

147 Duncan Lewis, Pavillon de l'Anfant
Duncan Lewis, Pavilion de l'Anfant

Architekt platziert das Haus mit einer außen liegenden Tragekonstruktion aus weit überragenden, dünnen, rostenden Eisenstangen mitten in ein Feld von Pampagräsern. Dadurch entsteht der Eindruck, das Haus wachse mit den „Eisengräsern", die jeden Moment knicken könnten. Im Inneren ist der Raum durch eine bewegliche Trennwand in zwei Hälften unterteilt. Diese ist mit einer Phototapete beklebt, die Baummotive in realer Größe zeigt. Zur Nutzung der gesamten Innenfläche kann die Wand vollständig in den Garten geschoben werden. Das Baumphoto steht dann als „Photobaum" im Garten. Die Architektur bewegt sich zwischen Abbild und Vorbild, Original und Kopie, die sich jeweils spiegelbildlich gegenüberstehen. Die Ambivalenz wird hier intellektuell und künstlerisch bestimmt und auf einer stark abstrahierten Ebene erzeugt, nicht so direkt und unmittelbar wie beim japanischen Haus.

148 In seinem Wettbewerbsbeitrag für eine Schule in Nouméa, Neukaledonien geht es dem Franzosen Francis Soler um eine wechselseitige Verbindung von Natur und Architektur, Urwald und Schule. Sein Bau folgt der Geländelinie und ist ebenerdig über eine höher gelegene Terrasse oder über Treppen von der tiefer gelegenen Ebene aus erreichbar, auf welcher der Pfahlbau steht. Die äußere Hülle des Gebäudes besteht aus geflochtenen Bambusgittern, die als Sonnenschutz dienen und nach traditioneller Art vor Ort hergestellt wurden. Durch hohe Faltläden können die Klassenräume bei starkem Wind geschlossen oder an heißen Tagen geöffnet

the real tree trunk but its motif serves the design and expression of free nature.

In Lewis's Pavilion de l'Anfant, there are also 147 adaptations of the Japanese tradition in the gradual transitions between the inside and outside. The architect places the house, with an externally positioned load-bearing construction made of thin, rusted iron bars that jut out quite a way, in the middle of a field of Pampas grass. The impression is created that the house is growing with the "iron grasses" that could snap any minute. Inside, the space is divided into two halves by a mobile partition wall. This wall is also covered with photographed wallpaper, displaying life-size tree motifs. The whole wall can be moved into the garden, to free up the entire interior area. The tree photo then stands in the garden as a "photo tree". The architecture shifts between copy and model, original and copy, each standing opposite one another as mirror images. In this case ambivalence is defined in intellectual and artistic terms and produced on a highly abstracted level – not as directly and instantaneously as in the Japanese house.

In his competition entry for a school in Nou- 148 méa, New Caledonia, the Frenchman Francis Soler seeks to achieve an interactive connection between nature and architecture, rain forest and school. His building follows the line of the terrain, and its ground-level location can be

werden. Die modifizierbare Fassade besteht aus Polycarbonatscheiben mit pflanzlichen Einschlüssen. So entsteht eine Dokumentation der Pflanzenwelt, die sich mit dem realen Urwald verbindet. Soler schafft eine räumliche Situation mit einem vielschichtigen Beziehungsnetz. Die dargestellte Ambivalenz erweitert das menschliche Wahrnehmungsspektrum.

In Paris hingegen gibt Soler seinen Häusern seriell gestaltete Fassaden. In seiner Arbeit bestimmt immer der Kontext den baulichen Entwurf: Die Natur kann Bestandteil einer konstruktiven Idee werden, muss es aber nicht zwangsläufig. In Nouméa plante er eine Landschaft, in Paris fordert eine andere Umgebung andere Referenzen.

Noch bevor die Ausstellung in das Jüdische Museum von Daniel Libeskind in Berlin einzog, konnte das Gebäude als leerer Raum besichtigt werden. Es wirkte auch so, als leere Hülle, als Sinnbild des durch den Holocaust verursachten Verlusts. Die kleinen Fensterschlitze wirken zackig, aggressiv und erzeugen Gedanken an Gewalt. Die Fassade aus Metall ruft Assoziationen wie Kälte oder auch Schutz hervor. Draußen gibt es den Garten des Exils: ein Labyrinth, das mit gekippten Ebenen den Schwindel erfahrbar macht, der durch den Verlust der Heimat und das Ungewisse der Zukunft im Exil entsteht. Libeskind stellt die Geschichte des jüdischen Volkes architektonisch dar und schafft es, tiefe Emotionen hervorzurufen.

Beim Heisei Tea Ceremony House von Ken Yokogawa gewinnt man einen kleinen Eindruck davon, was Suzuki mit „dem Reich der Leere, wo wurzel-

reached either from a higher-level terrace, or from the stairs on the level below. The external layer of the building consists of woven bamboo trellises, which act as a sunshade. They were produced on location in the traditional way. If there are strong winds, classrooms can be shut, by closing the long, folding blinds, or else – on hot days – they can be opened. The variable façade consists of poly-carbon sheets with insertions of vegetation – a reminder of the plant world to which the actual tropical forest is related. Soler creates a spatial situation with a multi-layered network of different relations. The ambivalence displayed here expands the human spectrum of observation.

In Paris, on the other hand, Soler gives his houses façades. These are designed in a series. For him the context always defines the construction design: nature can become an integral part of a structural idea, but does not have to be. In Nouméa, Soler planned a landscape; in Paris, a different environment has different design priorities.

Even before the exhibition moved to the Jewish Museum in Berlin by Daniel Libeskind, the building could be viewed as an empty space. It also had a memorable effect as an empty shell, as the symbol of loss caused by the Holocaust. The small window slits appear jagged, aggressive, generating thoughts of violence. The metal façade evokes associations such as cold, but also shelter. Outside is the Garden of Exile: a maze, which has tilted levels that make the

lose Bäume wachsen" gemeint haben könnte: Im Vorraum stehen Bäume in Betonrohre gepflanzt im Wasser und wachsen durch Löcher im Dach, durch die Spiegelung im Wasser scheinbar endlos nach oben und nach unten. Das hier gebaute ambivalente Bild birgt die ganze Vielfalt der Natur in sich und hat die Kraft, die Grenzen von Raum und Zeit zu lösen.

Alle hier dargestellten räumlichen Situationen irritieren, da sie schwer zu erklären sind, aber vehement und direkt erfahren werden. Ambivalenz und Widerspruch in der Architektur lassen mehr als Räume entstehen, sie können den Menschen durch die Erweiterung des Wahrnehmungsspektrums neue Erfahrungen und vielleicht auch Erkenntnisse ermöglichen.

dizzy experience of vertigo accessible, as it was caused by the loss of home and an uncertain future in exile. Libeskind illustrates the history of the Jewish people in architectural terms and succeeds in evoking deep emotions.

In the Heisei Tea Ceremony House by Ken Yokogawa, you gain a small impression of what Suzuki could have meant with "the realm of Emptiness, where rootless trees grow": In the foyer trees planted in concrete pipes stand in water and grow through holes in the roof, due to the reflection in the water they seem to grow endlessly upwards and downwards. The ambivalent picture that has been built here contains the entire diversity of nature and has the power of release from the boundaries of space and time.

All the spatial situations depicted here are a source of irritation, since they are hard to explain, but they are emphatically and directly experienced. Ambivalence and contradiction in architecture give rise to more than simply spaces. They can make it possible for people to gain new experiences and perhaps even new insights by widening their spectrum of perception.

149 Ken Yokogawa, Heisei-Teehaus, Kawagoe, 2003–2004: Foyer und Wartezone
Ken Yokogawa, Heisei Tea Ceremony House, Kawagoe, 2003–2004, foyer and waiting area

Das natürliche Leben erfordert durch die Unzulänglichkeiten seiner einzelnen Elemente eine stete
Interaktion, aus der sich ein immerwährender Wandel ergibt. Wie bereits beschrieben, spielt in der japanischen Ästhetik aus diesem Grunde die Darstellung der Unvollkommenheit eine große Rolle:
Sie soll im Geist ergänzt und vollendet werden. Erst
dann, durch diese selbständige geistige Leistung,
tritt der Mensch in eine Beziehung zu den von ihm
wahrgenommenen Erscheinungen und kann dadurch selbst zum Teil seiner Umwelt werden. Es finden sich in Japan zahllose Möglichkeiten für eine
geistige Vollendung, von Gebrauchsgegenständen
über die Architektur bis zur Bildenden Kunst.

150 Die traditionelle japanische Teeschale wirkt in der
Regel ungestaltet und grob, die Glasur ist uneben
und scheinbar ohne jeden ästhetischen Anspruch.
Der Besen zum Aufschäumen des Tees hingegen
besteht aus Bambus und ist durch feinste Hand-
werksarbeit gestaltet. Durch das Zusammenwirken
von Wasser, Tee, den notwendigen Utensilien und
dem Teetrinker vervollkommnen sich die einzelnen
Elemente zu einer Einheit.

Um eine solche Harmonie zu erfahren, benötigt der
Mensch eine besondere geistige Ruhe. So verläuft
denn auch der Weg zum japanischen Teehaus nie
direkt; oft sieht man es erst, wenn man kurz davor
steht – dadurch, dass das eigentliche Ziel zunächst
im Verborgenen bleibt, wird der Geist des Besuchers allmählich auf die Zeremonie des Teetrinkens
vorbereitet.

151 Die Trittsteine im Garten des Heian-Jingu-Schreins
ersetzen die Brücke über das Wasser. Ständig die
Richtung ändernd, springt man mit vollster Aufmerksamkeit, um nicht ins Wasser zu fallen, von einem Stein zum nächsten. Hier sammelt sich der
Geist in der Handlung des Augenblicks und erlangt
so die nötige Konzentration für das Erfassen des
Zusammenhangs von Mensch und Umwelt.

The natural life demands constant interaction,
due to the inadequacies of its individual elements. Permanent change is the result of this
interaction. As already described, for this reason the representation of imperfection plays
a large part in Japanese aesthetics: it is to
be complemented and completed within the
human spirit. Only then, by means of this independent intellectual achievement, can the
individual enter into a relationship with the
appearances he observes and in this way himself becomes part of his environment. In Japan,
there are countless possibilities for intellectual
perfection, from everyday objects to architecture and the visual arts.

The traditional Japanese tea bowl usually looks   150
"undesigned" and rough, with a rather uneven
glaze, apparently without any aesthetic standard. The whisk to froth the tea, on the other
hand, is made out of bamboo and designed by
the finest craftsmanship. By the combination of
water, tea, the necessary utensils and the tea
drinker, the individual elements are perfected
to a unity.

To experience this harmony, the individual
needs a particular intellectual calm. Thus, the
route to the Japanese teahouse is never a direct one; often you only see it when you are
standing right in front of it – the fact that the
real goal initially remains hidden makes the
visitor's mind prepared for the ceremony of
drinking tea.

The stepping-stones in the garden of the Hei-   151
an-Jingu Shrine stand in for the bridge over the
water. Always changing direction, you leap, taking great care not to fall into the water, from
one stone to the next. The mind collects itself
in the action of the moment and thus achieves
the necessary concentration to grasp the con-

151

150   Teeschale mit Besen
Tea bowl with whisk

151   Trittsteine im Garten des Heian-Jingu-Schreins, Kyoto, 1895
Stepping-stones in the garden of the Heian-Jingu Shrine, Kyoto, 1895

Ist der Besucher am Teehaus des japanischen Kaiserpalastes angekommen, kann er vielleicht, verdeutlicht durch das einfache, fast ärmlich wirkende Äußere, den Reichtum der Natur erkennen. Der Eingang in das Teehaus ist hinter einem beweglichen Holzbrett verborgen, und die Tür ist so niedrig, dass man in gebeugter Haltung eintreten muss. Dieses demutsvolle Betreten soll von weltlichen Belangen befreien und auf die Teezeremonie vorbereiten. Das gesamte Äußere – ohne jede Spur kaiserlichen Prunks – zeugt von der Ergebenheit vor der Vielfalt der Natur.

Manchmal scheint in traditionellen japanischen Teehäusern eine Fensteröffnung in der Wandfläche völlig unbearbeitet zu sein – ein einfacher Durchbruch in der Wand. Im übertragenen Sinne kann er als geistiger Durchbruch wahrgenommen werden. Dieses Element existiert in abgewandelter Form auch in der westlichen Kulturgeschichte: Papst Pius II. ließ beim Palazzo Piccolomini in Pienza im Erdgeschoss Fenster und Türöffnungen ausführen, die dann aber zugemauert wurden – als Symbol für eine geistige Vollendung, die zwar möglich, aber sehr schwer zu erreichen ist.

Die Fensterflächen des Sumiya Entertainment Establishment in Kinki, einem Bauwerk aus dem 19. Jahrhundert, sind völlig frei und asymmetrisch in der Wandfläche angeordnet; gleichzeitig sind sie von unterschiedlicher Größe und Form. Auch die Fenstergitter in der oberen Reihe sind unvollkommen, sie scheinen auf den ersten Blick fehlerhaft zu sein. Damit bietet das Gebäude mannigfaltige Möglichkeiten für geistige Ergänzungen des Betrachters.

Die *shoji* [Schiebeelemente] der traditionellen japanischen Häuser werden deutlich erkennbar mit Papierflicken ausgebessert. Über diesen „Fehler" wird die Interaktion des Menschen mit dem Haus sichtbar gemacht.

Der japanische Schriftsteller Junichiro Tanizaki [1886–1965] beschreibt den „Zauber des im Dunkeln Verborgenen" im *Lob des Schattens* als besonderes Merkmal der japanischen Architektur.

nection between human beings and the environment.

Once the visitor has arrived at the teahouse of the Japanese Imperial Palace, he can perhaps recognize the richness of nature. This is made evident by the simple, almost impoverished impact of the exterior. The entrance to the teahouse is hidden behind a moveable wooden plank. The door is so low that you have to enter by bowing. This humble entrance is supposed to release you from worldly cares and prepare for the tea ceremony. The entire exterior – devoid of anything evoking Imperial pomp – suggests humility in the face of nature's diversity.

Sometimes, a window opening in the wall area of traditional Japanese tea houses seems to be totally untreated – a simple hole in the wall. Metaphorically speaking, this can be perceived as an intellectual breakthrough. This element also exists in western cultural history in an alternative form: Pope Pius II had window and door openings made on the ground floor of the Palazzo Piccolomini in Pienza. These were then ricked up – as a symbol for spiritual perfection, which though possible, is very difficult to achieve.

The window areas of the 19th century Sumiya Entertainment Establishment in Kinki, are arranged in the wall surface in a totally free and asymmetrical fashion; at the same time, they have different sizes and forms. The window bars in the upper sections are also imperfect; they appear to be faulty. All of this offers the viewer opportunities to add their own intellectual input.

The *shoji* [elements] of traditional Japanese houses are quite openly and obviously repaired with paper patches. This "error" makes the interaction of human with house clearly visible.

In *Praise of the Shadows*, the Japanese author Junichiro Tanizaki [1886–1965] describes the

152   Teehaus des Katsura-Kaiserpalastes, Kyoto, 17. Jahrhundert
Tea house of the Katsura imperial palace, Kyoto, 17th century

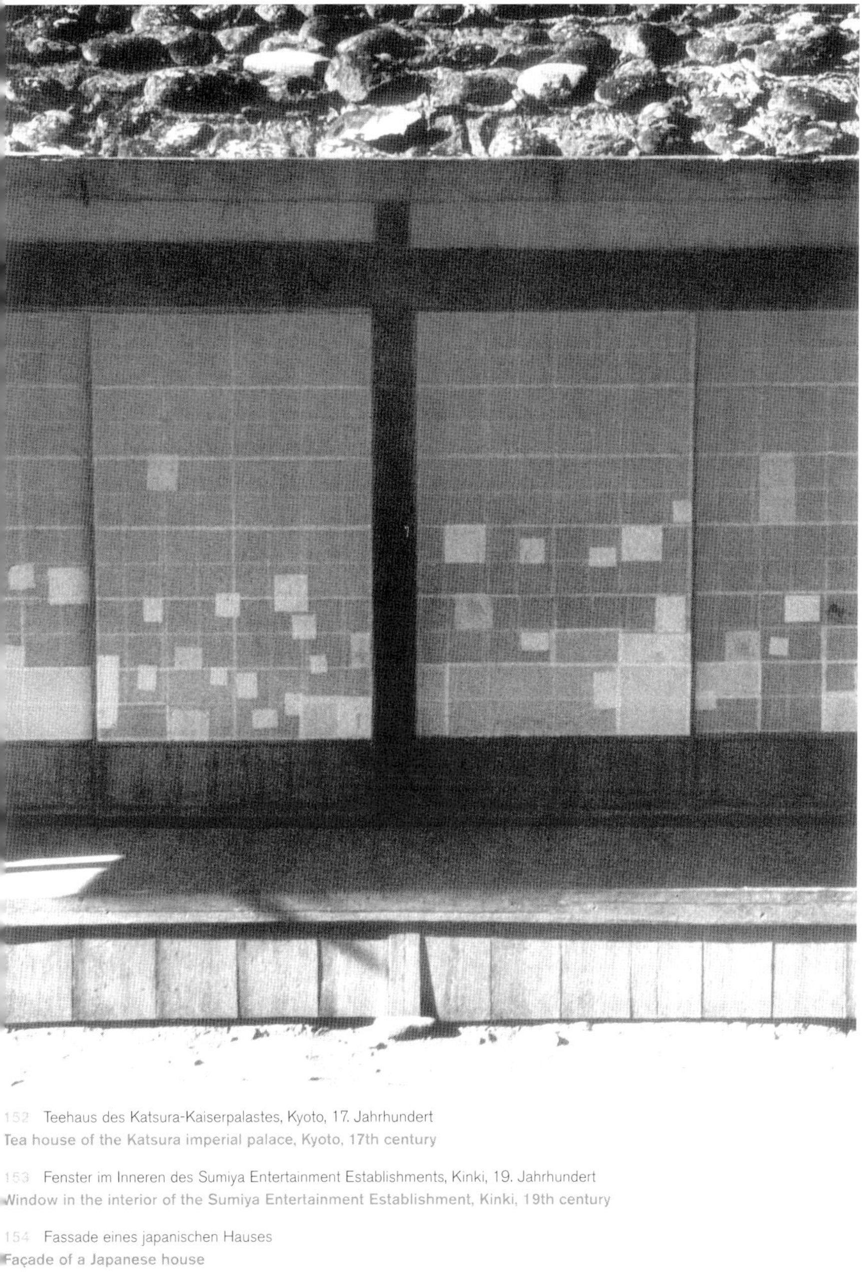

153   Fenster im Inneren des Sumiya Entertainment Establishments, Kinki, 19. Jahrhundert
Window in the interior of the Sumiya Entertainment Establishment, Kinki, 19th century

154   Fassade eines japanischen Hauses
Façade of a Japanese house

155 Fensteröffnung eines Teehauses
Window opening of a tea house

Dieses „Dunkel" bewirkt eine gesteigerte geistige Präsenz. Der Raum scheint weit und endlos und erweckt einen Eindruck der Leere. Blickt man durch ein Fenster in den Garten, so werden durch die Dunkelheit das Licht und die Vielfalt der Natur besonders betont. Ist dieses Fenster zudem ein Kreis, verbindet diese endlose Form alle Erscheinungen zu einer Einheit.

156

In der Darstellung der Unvollkommenheit liegt die Chance, dass der Mensch Anteil nimmt, in dem Bemühen, Fehlendes und Fehlerhaftes zu ergänzen. Es bieten sich zahllose Möglichkeiten für die Architektur, Raum für eine solche Interaktion bereitzustellen: Denn nur wenn der Mensch in Beziehung zu seiner Umgebung tritt, kann er Vollkommenheit erfahren.

"magic of what is hidden in the dark" as a special feature of Japanese architecture. This "dark" exercises an intensified intellectual and spiritual presence. The room appears wide and endless and evokes the impression of void. If you look through a window into the garden, the light and the diversity of nature are particularly emphasized because of the dark. If this window is also a circle, this endless form connects all appearances to a unity.

In the representation of imperfection, there is a chance that human beings will participate in efforts to complete. Architecture has endless opportunities to allow this space – awaiting interaction. Only this enables human beings to experience perfection.

156   Rundes Fenster
Circular window

Wenn die Architektur durch eine konsequente Reduktion ihrer Elemente vereinfacht und auf das Wesentliche beschränkt wird, kann sie eine große Ruhe und Klarheit ausdrücken. Die Wahrnehmung des Betrachters wird befreit und kann die Schönheit und Einzigartigkeit jedes einzelnen Bestandteils erfassen; zugleich wird erkennbar, wie die Details in den Gesamtzusammenhang ihrer Umgebung eingebettet sind.

Wie in der Einleitung erwähnt, fanden sich sowohl in der abendländischen als auch in der japanischen Kultur prägende Lebensvorstellungen, die Tugenden wie Einfachheit, Armut und die Befreiung von allem Überflüssigen priesen, da erst so die Sicht auf den wunderbaren Reichtum des Lebens möglich sei. In dieser Gesinnung wurzelt die Wertschätzung, die in Japan traditionell selbst den kleinsten und unscheinbarsten Gegenständen entgegengebracht wird. Sie werden gepflegt, repariert und solange verwendet, wie sie funktionieren, selbst wenn sie nicht mehr ganz makellos sind. Denn so wie man die Dinge, die einen umgeben, behandelt, so behandelt man sich selbst.

Die japanischen Mönche trugen früher Kutten aus Flicken, die sie geschenkt bekamen und selbst zusammennähten. Sie lebten im Einklang mit der Natur und mit dem Wissen, dass es in ihr keinen Überschuss gibt, nichts hinzukommt und auch nichts verloren geht. Daraus entsprang eine Geisteshaltung der Achtung, Wertschätzung und Liebe und nicht zu vergessen der Leichtigkeit, von materiellen Besitztümern befreit.

Die Kapelle des japanischen Zen-Meisters und Katholiken Pater Vincent Maria Shigeto Oshida in Takamori-Soan zeugt von dieser Haltung. In der scheinbaren Armut des Einzelnen entfaltet sich der große Reichtum des Einklangs von Geist und Natur.

When architecture is pared down by reduction of its elements and concentrated on the essential parts, it can express great calm and clarity. The spectator's perception is released and can grasp the beauty and uniqueness of every individual part; at the same time, it becomes evident how details are embedded in the overall context of their environment.

As mentioned in the introduction, influential ideas of life were present both in western and also in Japanese culture that revered plainness, poverty and the liberation from all superfluous things, because this was the only way to see the wonderful richness of life. Appreciation is rooted in this attitude. In Japan this approach is traditionally adopted towards even the smallest and most inconspicuous objects. They are cared for, repaired and used as long as they work, even if they are no longer totally unblemished – because the way you treat things surrounding you is also how you treat yourself.

Japanese monks used to wear habits out of scraps of material that they were given as gifts and they patched the pieces together themselves. They lived in harmony with nature and in the knowledge that in nature there is no abundance, neither anything is added, nor anything lost. As a result, they had an attitude of respect, appreciation and love and not forgetting of lightness by being released from material possessions.

The chapel of the Japanese Zen-Master and Catholic priest Vincent Maria Shigeto Oshida in Takamori-Soan demonstrates this attitude. The great riches of the accord of spirit and nature unfold in what seems to be the poverty of the individual.

157

158

157 Mönch kehrt den Garten
Monk sweeping the garden

158 Robe des Zenmeisters Haku´un Egyo [1228–1297]
Robe of the Zen master Haku'un Egyo [1228–1297]

159 Eingang in ein Teehaus
Entrance into a tea house

160 Kapelle, Takamori-Soan, 1991, Altar
Chapel, Takamori-Soan, 1991, altar

Auch in der Gestaltung des traditionellen japanischen Teehauses ist diese Einstellung zu spüren. Es ist ein Ort der Einkehr und Besinnung, durchdrungen von dem Prinzip der Armut. Einfachste Materialien und das demutsvolle Bücken beim Eintreten sollen den Menschen von allen weltlichen Anhaftungen befreien.

Eine interessante Adaption dieser ergebungsvollen Haltung zeigt sich in der äußeren Form des Plywood House in Bottmingen von Herzog & de Meuron. Es scheint vor dem daneben stehenden Baum zurückzuweichen. Auch das Material – Sperrholz – vermittelt einen Eindruck von Armut.

Eine zeitgemäße Weiterentwicklung findet das japanische Teehaus in den von Shigeru Ushida entwickelten Teehaustypen. Auch sie haben traditionelle Abmessungen und niedrige Eingänge, durch die man nur gebeugt eintreten kann. Und das verwendete Material entspricht in seiner Reduzierung und Einfachheit auch immer noch dem Prinzip der Armut. Das Neue bei Ushida ist aber eine stärkere Verbindung zum Natürlichen: Sein Teehaus aus Bambus öffnet sich der Außenwelt und weist durch seine wild durcheinander laufenden Diagonalen eine für die japanische Architektur neue Bewegtheit auf. Gerade durch die scheinbar fehlende Ordnung entsteht eine Dynamik, in der sich die Raumgrenze der Wand optisch tatsächlich aufzulösen scheint.

Die japanische Sicht auf Einfachheit und Armut inspirierte auch das westliche Denken. Bruno Zevi

This attitude can also be felt in the design of the traditional Japanese teahouse. It is a place of contemplation and reflection, permeated by the principle of poverty. The plainest materials and the humble bowing upon entry are supposed to free the individual from all worldly ties.

The external form of Plywood House by Herzog & de Meuron reveals an interesting adaptation of this devoted attitude. The house seems to withdraw behind the tree standing next to it. Even the material – scrap-wood – conveys the impression of poverty.

The teahouse has a contemporary continuation in the teahouse types developed by Shigeru Ushida. They also have traditional measurements and low entrances, through which you can only enter, bowed. The material that is used also still corresponds to the principle of poverty due to its reduction and plainness. Ushida's new element is a strong connection to the natural world: his teahouse out of bamboo opens towards the external world and points to a new dynamism for Japanese architecture due to his use of wildly criss-crossing diagonals. A dynamic is created precisely because of the apparent lack of order, in which the wall's spatial boundary seems optically to dissolve.

The Japanese view of plainness and poverty also inspired western thought. In his book *Frank Lloyd Wright*, Bruno Zevi describes the

EINFACHHEIT_**PLAINNESS**

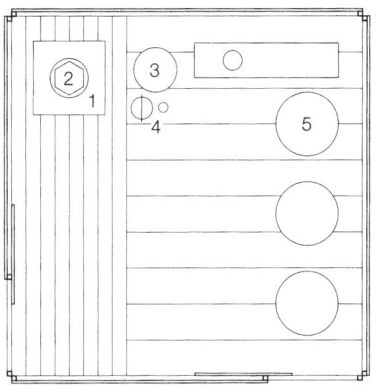

1	Feuerstelle_Brazier
2	Hexagonaler Wasserkessel_Kettle
3	Frischwasserbehälter_Fresh-water container
4	Teeschale mit Teemaß und Dose_Tea bowl with scoop and tea caddy
5	Kissen_Cushion

161 Herzog & de Meuron, Plywood House, Bottmingen 1984–85
Herzog & de Meuron, Plywood House, Bottmingen, 1984–85

162 Shigeru Ushida, Teehaus aus Bambus, Ausstellung „Erinnerte Methode", München, 2000
Shigeru Ushida, tea house out of bamboo, exhibition „Erinnerte Methode", Munich, 2000

163   Tadao Ando, Kirche des Lichts, Osaka, 1987–89
Tadao Ando, Church of Light, Osaka, 1987–89

beschreibt in seinem Buch *Frank Lloyd Wright* die Erfahrungen des amerikanischen Architekten auf seiner Japanreise im Jahr 1905:

DAS STUDIUM DER ALTJAPANISCHEN STICHE, DIE ER ZU SAMMELN BEGINNT, WEIST IHN AUF EINEN VEREINFA-CHUNGSPROZESS HIN, DER DURCH DIE DIREKTE KENNT-NIS DER JAPANISCHEN ARCHITEKTUR BESTÄTIGT WIRD. DAS HAUS IN JAPAN OFFENBART SICH IHM ALS EIN TEM-PEL ÄUSSERSTER SAUBERKEIT UND DER BESCHRÄN-KUNG AUF DAS WESENTLICHE.

Auch Mies van der Rohe wurde zu Einfachheit und Reduktion inspiriert. Er war mit dem Philosophen und katholischen Theologen Romano Guardini [1885–1968] befreundet, dessen Gedanken ihn in seiner Arbeit stark beeinflussten. Der Theologe bewertet in seinem Buch *Von heiligen Zeichen* die Einfachheit wie folgt:

WIR MÜSSEN ERWERBEN, WAS WIR SCHON LANGE BESIT-ZEN, DAMIT ES WIRKLICH UNSER EIGEN WERDE. RICHTIG SEHEN MÜSSEN WIR LERNEN, RICHTIG HÖREN, RICHTIG TUN. BEVOR DAS NICHT GESCHIEHT, BLEIBT ALLES DUN-KEL UND STUMM. GELINGT ES UNS ABER, DANN ÖFFNET ES SICH, TUT SEIN INNERES AUF, UND VON DORT HER, AUS SEINEM WESEN, GESTALTET SICH DAS ÄUSSERE. UND WIR WERDEN DIE ERFAHRUNG MACHEN: GERADE DIE SELBSTVERSTÄNDLICHEN DINGE, DIE ALLTÄGLICHEN HANDLUNGEN BERGEN DAS ALLERTIEFSTE. IM EINFACH-STEN LIEGT DAS GRÖSSTE GEHEIMNIS.

experiences of the American architect on his Japan expedition in the year 1905:

THE STUDY OF ANCIENT JAPANESE ETCHINGS, WHICH HE BEGINS TO COLLECT, DIRECTS HIM TO A SIMPLIFY-ING PROCESS, WHICH IS CONFIRMED BY DIRECT KNOW-LEDGE OF JAPANESE ARCHITECTURE. IN JAPAN, THE HOUSE IS REVEALED TO HIM AS A TEMPLE OF THE UT-MOST CLEANLINESS AND RESTRICTION TO THE ESSEN-TIAL.

Mies van der Rohe was also inspired to plain-ness and reduction. He was a friend of the phi-losopher and Catholic theologian Romano Guardini [1885–1968], whose thoughts strong-ly influenced van der Rohe in his work. In his book, *Sacred Signs*, the theologian evaluates plainness as follows:

WE HAVE TO ACQUIRE WHAT WE ALREADY POSSESS LONG SINCE, IN ORDER TRULY TO OWN IT. WE HAVE TO LEARN TO SEE CORRECTLY, HEAR CORRECTLY, AND ACT CORRECTLY. UNTIL THIS HAPPENS, EVERYTHING RE-MAINS DARK AND SILENT. BUT IF WE SUCCEED, THEN IT OPENS, UNFOLDING ITS INNER BEING AND FROM THIS POINT, FROM ITS ESSENCE, THE EXTERNAL BEING IS FORMED. WE WILL EXPERIENCE: IT IS PRECISELY THE MOST ORDINARY THINGS, EVERYDAY ACTIONS THAT CONCEAL WHAT IS DEEPEST OF ALL. THE GREATEST SECRET LIES IN WHAT IS THE PLAINEST. FOR INSTANCE, THERE ARE THE STEPS. YOU HAVE CLIMBED THEM TO

DA SIND ZUM BEISPIEL DIE STUFEN. UNZÄHLIGE MALE BIST DU SIE ZUR KIRCHE HINAUFGESTIEGEN. BIST DU ABER AUCH INNEGEWORDEN, WAS DABEI IN DIR VORGING? DENN ES GESCHIEHT WIRKLICH ETWAS IN UNS, WENN WIR SIE HINAUFSTEIGEN; NUR IST DAS SEHR FEIN UND STILL, UND WIRD LEICHT ÜBERTÖNT.
EIN GEHEIMNIS OFFENBART SICH DA; EINER JENER VORGÄNGE, DIE AUS DEM GRUND UNSERES MENSCHENWESENS STAMMEN, RÄTSELHAFT, MAN KANN ES MIT DEM VERSTANDE NICHT AUFLÖSEN, UND DOCH VERSTEHT ES JEDER, DER NICHT STUMPF IST. WENN WIR DIE STUFEN HINAUFSTEIGEN, DANN STEIGT NICHT NUR DER FUSS, SONDERN UNSER GANZES SEIN.

Eine sehr ausdrucksstarke Umsetzung finden diese Gedanken in der katholischen Gedächtniskirche für die Opfer der Nationalsozialisten, Maria Regina Martyrum in Berlin. Der kubische Stahlbetonbau steht zur einen Seite auf der den Kirchhof umgebenden Mauer, zur anderen Seite auf einem Treppenkubus. Man tritt durch das Eingangstor und geht auf der abfallenden Kiesfläche auf die Kirche zu. Dieses Gehen assoziiert zunächst einen Kniefall, wie bei einem Gebet. Beim Hinaufsteigen der Treppe zum Kirchenraum erhebt man sich mit ihr, um schließlich in den aus Betonplatten gefügten Raum zu gelangen, in den durch die Fugen zwischen den Bauelementen nur wenig Licht hereinfällt. Das Altarbild, das die Auferstehung zeigt, verdichtet den Raumeindruck: Seine Bildebene ist am Rand von dunklen Flächen gefasst, die sich zur Mitte hin lockern und einen leuchtend gelben Grund freigeben.

163 Der Japaner Tadao Ando erreicht in seiner Kirche des Lichts mit einfacheren Mitteln eine noch konkretere Wirkung. Auch dort befindet man sich in einem dunklen Kirchenraum, aber das Licht fällt hier durch das offene Kreuz in den Altarraum. Die Fuge zweier Betonscheiben gibt dem Besucher den Weg nach außen frei.
165 Diese besondere Einfachheit und Ruhe wird auch in der Architektur von Peter Zumthor erfahrbar. Die
164 Tür seiner Kapelle in Sumvitg – mit einem schönen, handgeschmiedeten Griff – lässt sich nur sehr schwer öffnen. Leise, aber hörbar schleifen die

THE CHURCH NUMEROUS TIMES. BUT DID YOU ALSO REALIZE WHAT IS HAPPENING TO YOU? BECAUSE SOMETHING REALLY HAPPENS TO US WHEN WE CLIMB THEM: ONLY THAT IS VERY FINE AND SILENT AND EASILY OVERSHADOWED.
A SECRET IS REVEALED THERE; ONE OF THOSE PROCESSES THAT ARE ROOTED IN THE BASIS OF OUR BECOMING HUMAN. IT IS PUZZLING, YOU CANNOT SOLVE IT RATIONALLY AND YET EVERYONE UNDERSTANDS WHO IS NOT DULL. IF WE CLIMB THE STEPS, THEN NOT ONLY OUR FEET, BUT ALSO OUR WHOLE BEING ASCENDS.

These thoughts gain a very expressive application in the Catholic Memorial Church for the victims of National Socialism, Maria Regina Martyrum in Berlin. The cubic reinforced concrete building stands on one side on the wall surrounding the churchyard, whilst on the other side, it is located on a staircase cube. You enter through the gate and approach the church on the sloping gravel plane. This walk at first has an association of sinking to your knees, like you do to pray. When you climb the staircase to the church itself, you ascend with it, in order ultimately to reach the room made out of concrete sheets, where only a little daylight shines through the gaps between the building elements. The altar scene, with the theme of the Resurrection, concentrates the impression of space: at the level of the image, the space is pinned at the edge by dark areas, which are looser towards the middle and release a shining, yellow ground.

163 In his Church of Light, the Japanese architect Tadao Ando achieves an even more concrete effect by simpler means. Here, you also find yourself in a dark, church interior, but the light here falls into the altar space through the open cross. The gap between two concrete panels makes a free path to the outside for the visitor.

165 A special plainness and calm can also be experienced in the architecture of Peter Zumthor.
164 The door of his chapel in Sumvitg – with a beautiful, handcrafted iron handle – is hard to

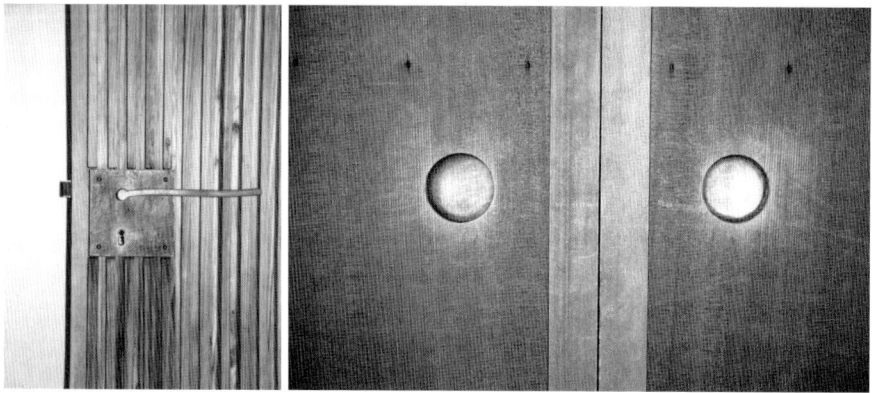

164 Peter Zumthor, Kapelle in Sumvitg, Eingangstür mit handgeschmiedetem Griff
Peter Zumthor, chapel in Sumvitg, entrance door with hand-cast iron handle

165 Griff einer traditionellen japanischen Schiebetür
Handle of a traditional Japanese sliding door

Dichtungsborsten über den Boden – eine akustische und körperliche Erfahrung, die beim Betreten des Kirchenraumes auf die mögliche innere Einkehr vorbereitet.

166 Ähnlich dem japanischen Haus bietet die Wohnanlage für Betagte von Peter Zumthor trotz aller baulichen Einfachheit vielschichtige und wandelbare räumliche Möglichkeiten. Natürliche Baumaterialien und vereinfachte Details prägen diesen formal stark reduzierten Bau. Die Innenausstattung ist bewusst einfach gehalten: Wie die in der Tokonoma-Nische japanischer Häuser ausgestellten Blumen erhalten die von den Bewohnern mitgebrach-
167 ten Möbel in dem reduzierten Ambiente eine besondere Ausstrahlung.

Im Thermalbad Vals hat Zumthor die Architektur ganz auf den Zusammenhang von Berg, Stein und Wasser ausgerichtet. Das Haus ist wie ein Felsblock in den Hang gebaut und auch innen dominiert der schwere Eindruck von massiven Gesteins-
168 schichten. Die deutliche formale Strenge bringt die Elemente Stein und Wasser in einen harmonischen Einklang und erlaubt dem Besucher, sich in Einheit mit seiner Umgebung zu erleben.

169 Während der Gestaltung einer Aalto-Ausstellung und über die Tatsache, dass sich in seinem Büro Unmengen von Papprollen angesammelt hatten, kam der japanische Architekt Shigeru Ban zu der Idee, mit eben diesen Papprollen zu bauen. Fasziniert von den in Aaltos Bauten häufig auftauchenden Stabstrukturen und Wellenbewegungen,

open. The weatherproofing-bristles sweep softly, but audibly across the floor. This acoustic and bodily experience prepares the individual for possible contemplation, upon entry into the church's interior.

Similar to the Japanese house, Peter Zumthor's Residential Home for the Elders offers 166 multi-layered and modifiable spatial possibilities, despite all the plainness of construction. Natural building materials and simplified details influence this formally strongly reduced building. The interior furnishing is deliberately kept simple: just as with the flowers on display in the Tokonoma-Niche of Japanese houses, the furniture brought by residents gains a spe- 167 cial radiance in the minimalist ambience.

In the thermal spa at Vals, Zumthor based the architecture wholly on the connection of mountain, stone and water. The house is built like a rock into the mountainside and the heavy impression of solid stone layers is also dominant in the interior. The evident formal strictness 168 brings the elements of stone and water into harmonious unison and permits the visitor to experience unity with his surroundings.

While conceiving an Aalto exhibition and be- 169 cause of the fact that piles of cardboard tubes had accumulated in his office, the Japanese architect Shigeru Ban had the idea of building with cardboard rolls. He was fascinated by the repeated recurrence of pole structures and wa-

166 Peter Zumthor, Wohnanlage für Betagte, Chur, 1989–93
Peter Zumthor, residential home for the aged, Chur, 1989–93

167 Peter Zumthor, Wohnanlage für Betagte
Peter Zumthor, residential home for the aged

168 Peter Zumthor, Thermalbad, Vals, 1990–96, großes Schwimmbecken
Peter Zumthor, thermal spa, Vals, 1990–96, large swimming pool

166

167

168

169 Innenraum Aalto–Ausstellung
Interior, Aalto exhibition

entwickelte er verschiedene architektonische Konzepte für die Verwendung dieses Materials.

Auch in der Galerie für Issey Miyake scheint sich die Einfachheit des Materials in ideellen Reichtum zu verwandeln. In seinem Ferienhaus führt Shigeru Ban diesen Gedanken mit Wänden und Möbeln aus Pappe noch weiter aus. In der Reduktion der Mittel wird auch hier eine gesteigerte Erfahrung der Natur möglich. Ein weiteres Beispiel seiner Arbeit ist der Japanische Pavillon auf der Expo in Hannover 2000. Hier wurden Papprohre wie traditionelle Bambusgitter zu einer Gitterschale mit großer Spannweite verknotet. Mit einfachsten Mitteln entstand so ein fein strukturierter und poetisch wirkender Raum.

In der Beschränkung auf das Wesentliche und in der Befreiung vom Unnötigen kann ein essentieller Reichtum liegen. Nicht die unruhige Zerstreuung, sondern ein genauer, konzentrierter Blick lässt uns auch in den kleinsten Dingen Wertvolles entdecken. Eine Architektur, die unsere Wahrnehmung in diesem Sinne lenkt, braucht fast nichts und erreicht doch alles.

ve movements in Aalto's buildings. This led him to develop various architectural concepts for the use of cardboard tubes.

Even in the gallery for Issey Miyake, the plainness of the material used seems to transform itself into idealist richness. In his holiday house, Shigeru Ban takes these thoughts even further with walls and furniture made out of cardboard. By reducing the resources even further, an intensified experience of nature also becomes possible here. Another example of his work is the Japanese Pavilion at the Expo 2000 in Hanover. Here large tracts of cardboard tubes were knotted together – like traditional bamboo trellises – into the form of a "grid shell". Thus, a subtly structured space was created with poetic impact by the simplest of resources.

Essential riches can lie in restriction to the basics and in liberation from what is unnecessary. A limpid gaze – rather than nervous distraction – enables us to discover value even in the smallest things. Architecture leading our perception into this direction needs almost nothing and yet achieves everything.

170   Shigeru Ban, Japanischer Pavillon, Expo 2000, Hannover
Shigeru Ban, Japanese Pavilion, Expo 2000, Hanover

Es stellt sich die Frage, wie die Architektur dem natürlichen Wachstum und der Dynamik des Lebens am besten entsprechen kann – durch Symmetrie oder durch Asymmetrie?

In der abendländischen Ästhetik drückt die Symmetrie das Vollkommene aus. Nichts kann hinzugefügt oder weggenommen werden, ohne die Harmonie zu zerstören. Die so entstehende Ruhe drückt die Verbindung aller Einzelteile aus. In der Natur findet sich diese Symmetrie jedoch nicht. Die Harmonie liegt hier in der aus dem Streben nach Ergänzung resultierenden Dynamik und äußert sich vorwiegend in asymmetrischen Formen.

Oberflächlich gesehen, scheint beispielsweise der menschliche Körper symmetrisch gebaut zu sein. Bei genauer Betrachtung jedoch zeigen sich kleine Unterschiede zwischen den Körperhälften. Die vermeintliche Symmetrie meinen wir nur deshalb zu erkennen, da der Mensch von Geburt an in allen seinen Bestandteilen „fertig ist" und als Ganzes wächst, im Unterschied zu offensichtlich asymmetrischen Pflanzen, die über die Entwicklung von Trieben größer werden.

Der bereits zitierte japanische Philosoph Daisetz Teitaro Suzuki schreibt in *Zen und die Kultur Japans* über die Wirkung der unterschiedlichen Darstellungsverhältnisse:

ASYMMETRIE IST EIN KENNZEICHEN JAPANISCHER KUNST UND WOHL AUCH EINER DER GRÜNDE DAFÜR, DASS JAPANISCHE KUNSTGEGENSTÄNDE WENIGER VON DIESEM FEIERLICH ABWEISENDEN MANCHER KUNST HABEN: SIE LASSEN UNS AN SICH HERAN. SYMMETRIE HAT IMMER ETWAS VON WÜRDE UND GETRAGENHEIT, SIE WILL BEEINDRUCKEN.

Die japanische Architektur hat die Asymmetrie als Ausdruck von Wachstum zum Prinzip erhoben. Der Grundriss eines traditionellen Hauses eröffnet viele

How can architecture best correspond to natural growth and the dynamics of life – by symmetry or by asymmetry?

In western aesthetics, symmetry is an expression of perfection. Nothing can be added or taken away without destroying the whole harmony. The resulting tranquillity expresses the unity of all constituent parts. However, this symmetry does not occur in nature. Here, harmony lies in a striving for completion and the resulting dynamic. This is primarily expressed in asymmetrical forms.

From a superficial viewpoint, however, the human body, for instance, seems to be built symmetrically. Upon closer inspection, small differences reveal themselves between the two sides of the body. We only believe we can identify the body as symmetrical because human beings are born in a "finished state", equipped with all the necessary parts; as such, they grow as single entities. By contrast, plants are clearly asymmetrical and grow bigger due to the development of certain instinctive impulses.

In his book *Zen and Japanese Culture* the Japanese philosopher Daisetz Teitaro Suzuki, whom we have already quoted, wrote about the effect of different representational methods:

ASYMMETRY IS CERTAINLY CHARACTERISTIC OF JAPANESE ART, WHICH IS ONE OF THE REASONS INFORMALITY OR APPROACHABILITY ALSO MARK JAPANESE OBJECTS OF ART TO A CERTAIN DEGREE. SYMMETRY INSPIRES A NOTION OF GRACE, SOLEMNITY AND IMPRESSIVENESS.

Japanese architecture has elevated asymmetry into a principle that expresses growth. The layout of a traditional house raises many possibilities of development, addition and alteration.

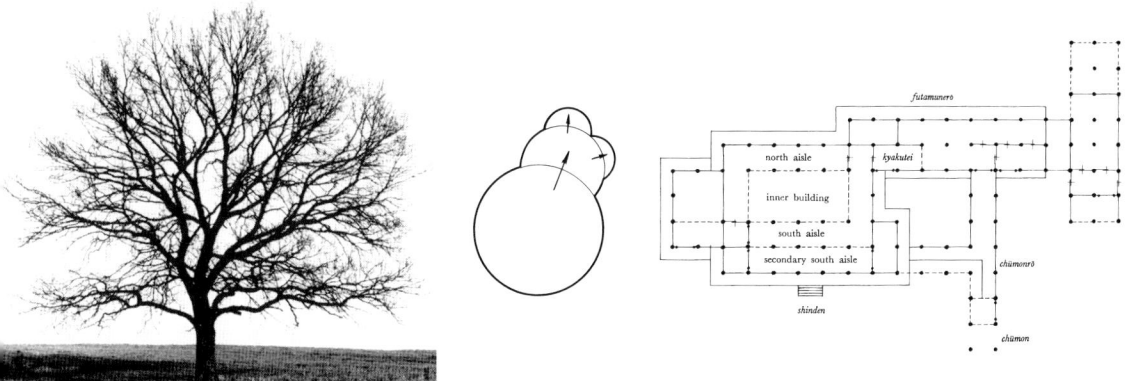

171 Baum
Tree

172 Diagramm eines sich durch Erweiterungen ausdehnenden Innenraums
Diagram of interior room, expanded by extensions

173 Komatsu-Residenz, Uji, 15. Jh., Grundriss
Komatsu Residence, Uji, 15th century, plan

Möglichkeiten zu Entfaltung, Ergänzung und Veränderung. Im Gegensatz dazu ist die symmetrische Architektur der westlichen Tradition ein in sich abgeschlossenes System. Sie nimmt den Menschen nur in seinen Körpermaßen auf, im Sinne des Goldenen Schnitts – sie bietet aber in ihrer Unbeeinflussbarkeit keinen Raum für den sich ändernden Geist. Ein Klassiker der westlichen Baukunst kann dies verdeutlichen: die Villa Rotonda von Andrea Palladio [1508–1580]. Der Architekt der Renaissance integrierte symbolische Formen wie Kreise, Kuppeln, Quadrate, Kuben und Kreuze in diesem auf den Verhältnissen des Goldenen Schnitts basierenden Bau. Sein Werk stellt einen intellektuell erfassbaren Spiegel des damaligen Weltbildes dar; der Bezug zur Natur beruht allein auf der Grundlage des klassischen Maßsystems. Diese symmetrische Harmonie des Gebäudes legt das Leben in ihm fest – Vergnügungen und Zerstreuung in den Sommermonaten –, denn die Formensprache zwingt zu einer entsprechenden Nutzung.

Die Freiheit, die ein traditionelles japanisches Haus seinen Bewohnern ermöglicht, lässt sich an einem Beispiel aus der Natur verdeutlichen: Betrachtet man die Zweige eines in der Großform fast symmetrischen Baumes genau, so kann man erkennen, dass an den Gabelungen stets ein Ast etwas stärker ist. Durch ihn fließt die Kraft zu den weiteren Verzweigungen. Der schwächere Zweig trägt die Details: Blätter, Blüten und Früchte. Diese Möglichkeit der Entwicklung und des Wandels wird durch den asymmetrischen Grundriss japanischer

By contrast, symmetrical architecture in the western tradition is a closed system. This acknowledges humans merely in their bodily proportions, following the Golden Ratio; however, being closed off to other influences leaves no room for ideas to change. A classical example of western architecture can demonstrate this: the Villa Rotonda by Andrea Palladio [1508–1580]. The Renaissance architect integrated symbolic forms such as circles, domes, squares, cubes and crosses into this building, which was based on the dimensions of the Golden Ratio. His work represents an intellectually understandable mirror of the world as it then existed; his relationship to nature is based solely on the classical system of measurement. The building's symmetrical harmony defines any life within it – amounting to pleasures and diversions in the summer months – because the formal style leaves no other option.

The freedom a traditional Japanese house allows its occupants can be illustrated by an example from nature: Looking closely at the branches of a tree, which is almost symmetrical when fully grown, you can identify that one branch on the forks is always slightly stronger. Through this branch energy flows to smaller branches further up. The weaker branch is the one that carries the details: leaves, flowers and fruit. This possibility of development and change is clearly supported by the asymmetrical plans of Japanese buildings. Everywhere,

Bauten deutlich unterstützt. Überall kann etwas ergänzt oder auch weggenommen werden, ohne das – offene – Gesamtsystem zu beschädigen oder gar zu zerstören. Mies van der Rohe verfolgt mit seinen Entwürfen das gleiche Ziel; und es ist auch bei Frank Lloyd Wright und Alvar Aalto erkennbar.

Natürlich verdeutlicht auch die enorme Höhe gotischer Kathedralen Wachstum und Streben, mithin ein Prinzip der Natur; und auch in den Deckengemälden des Barock, die einen weiten Himmel vortäuschen, finden wir den Versuch, Architektur und Natur, Innen und Außen zu versöhnen – aber Bauwerke der Gotik und des Barock strahlen immer auch jene einschüchternde Würde aus, die aus der Symmetrie entsteht und von der Suzuki sagte, dass sie den Menschen als unvollkommenes Wesen nicht an sich heranlasse.

Kakuzo Okakura schrieb im *Buch vom Tee*, daß die Kraft der Kunst in Unvollkommenheit und Asymmetrie liege:

DIE KUNST DES FERNEN OSTENS [HAT] BEWUSST DAS SYMMETRISCHE VERMIEDEN, WEIL ES NICHT NUR VOLLKOMMENHEIT, SONDERN AUCH WIEDERHOLUNG BIETET. EINHEITLICHKEIT DES MUSTERS WURDE ALS VERDERBLICH FÜR DIE FRISCHE DER FANTASIE ANGESEHEN. SO ZOG MAN DIE DARSTELLUNG VON LANDSCHAFTEN, VÖGELN UND BLUMEN DER DES MENSCHEN VOR, DA ER JA IN DER GESTALT DES BETRACHTERS SELBST ZUGEGEN IST.

Okakura führt diesen Gedanken weiter aus und bezieht ihn auf die konkrete Raumgestaltung für die traditionelle Teezeremonie:

IM TEERAUM IST DIE FURCHT VOR DEM SICH-WIEDERHOLEN ALLGEGENWÄRTIG. DIE VERSCHIEDENEN GEGENSTÄNDE DER RAUMAUSSCHMÜCKUNG MÜSSEN SO GEWÄHLT WERDEN, DASS SICH KEINE FARBE UND KEIN MUSTER WIEDERHOLT. WENN EINE LEBENDE BLUME DARIN STEHT, IST EIN BLUMENBILD NICHT ZULÄSSIG.
BENUTZT MAN EINEN RUNDEN KESSEL, DANN MUSS DIE

something can be added or taken away, without damaging the – open – overall system or even destroying it. In his designs, Mies van der Rohe pursued the same objective; and we also detect this in designs by Frank Lloyd Wright and Alvar Aalto.

Needless to say, the enormously high Gothic cathedrals also demonstrate growth and striving which are equally important principles of nature; and we even find the attempt to unite both architecture and nature, inside and outside, in Baroque ceiling frescoes, creating the pretence of a vast sky. That said, buildings of the Gothic and Baroque periods always also radiate that intimidating dignity which comes from symmetry and of which Suzuki said that it did not allow humans as imperfect beings get to it.

In his *Book of Tea*, Kakuzo Okakura wrote that the power of art lies in imperfection and asymmetry:

FAR-EASTERN ART HAS PURPOSELY AVOIDED SYMMETRY AS EXPRESSING NOT ONLY COMPLETION BUT ALSO REPETITION. UNIFORMITY OF DESIGN WAS CONSIDERED AS FATAL TO THE FRESHNESS OF IMAGINATION. THUS LANDSCAPES, BIRDS AND FLOWERS BECAME THE FAVOURITE SUBJETCS FOR DEPICTION RATHER THAN THE HUMAN FIGURE, THE LATTER BEING PRESENT IN THE PERSON OF THE BEHOLDER HIMSELF.

Okakura develops this idea and applies it to concrete room design for the traditional tea ceremony:

IN THE TEA-ROOM, THE FEAR OF REPETITION IS A CONSTANT PRESENCE. THE VARIOUS OBJECTS FOR THE DECORATION OF A ROOM SHOULD BE SELECTED IN A WAY THAT NO COLOUR OR DESIGN SHALL BE REPEATED. IF YOU HAVE A LIVING FLOWER A PAINTING OF FLOWERS IS NOT ACCEPTABLE. IF YOU ARE USING A ROUND KETTLE, THE WATER PITCHER SHOULD BE ANGULAR. A CUP WITH A BLACK GLAZE SHOULD NOT BE ASSOCIATED WITH A

174 Totsutotsusai-Teeraum, Kyoto, 17. Jh.
Totsutotsusai tea-room, Kyoto, 17th century

175 Runder Wasserbehälter aus gebogenem Holz
Round water container made of curved wood

176 Runder Wasserkessel aus Gusseisen
Round water kettle made of cast iron

177 Würfelförmiges Gefäß für Räucherwerk aus Holz
Cubic incense dish, made of wood

178 Sechseckige Kuchenschale aus monochromer Keramik
Hexagonal kitchen bowl made of monochrome ceramic

179 Unregelmäßig geformte Teeschale aus Keramik mit unebener Glasur
Irregularly shaped tea bowl made of ceramic with uneven glaze

180 Bambuslöffel mit Etui
Bamboo spoon with case

SCHÖPFKELLE ECKIG SEIN. EINE TASSE MIT SCHWARZER GLASUR DARF NICHT ZUSAMMEN MIT EINER TEEBÜCHSE AUS SCHWARZEM LACK VERWENDET WERDEN. WENN MAN EINE VASE AUF DAS WEIHRAUCHBECKEN DER TOKONOMA STELLT, MUSS MAN ACHT GEBEN, DASS MAN SIE NICHT GENAU IN DIE MITTE SETZT, DAMIT NICHT DER RAUM IN ZWEI GLEICHE HÄLFTEN GETEILT WIRD.

174 Die Raumgestaltung des Totsutotsusai-Teeraums der Konnichian-Residenz spiegelt diese asymmetrische Ordnung: Die Mittelachse wird, so weit es geht, vermieden und alle Bestandteile des Inventars sind, wie überhaupt jedes Raumelement, einzigartig. Nichts bindet die Aufmerksamkeit des Besuchers, sein Geist kann sich frei entfalten. Jeder kann sich in seiner Besonderheit und Individualität in der Einzigartigkeit der Raumordnung angenommen fühlen. Die Vermeidung der Symmetrie impliziert, durch die einmalige Verwendung, eine besondere Wertschätzung für jedes einzelne Objekt.

An zwei Beispielen lässt sich zeigen, wie verschiedenartig die Wirkung einer Architektur sein kann, die sich an dem natürlichen Prinzip des asymmetrischen Wachstums orientiert: Die Bedeutung der Einzigartigkeit und die freie Anordnung der Ele-
181 mente wird am Wohnraum eines Stadthauses von Enrique Miralles [1955–2000] und Benedetta Tagliabue deutlich. Die verschiedensten Bestandteile, alle von ganz eigener Qualität, bilden ein offenes und wandelbares System und vermitteln tiefe Sinneseindrücke, jedoch ohne die japanische Strenge.
182 Die horizontal angelegte Fassade der Lagerhalle der Ricola AG von Herzog & de Meuron mit ihren nach oben breiter werdenden Streifen lässt sich als Zeichen für Kompression oder Expansion deuten. Das Wohnzimmer von Miralles scheint ein Ort der inneren Befreiung, weil es keine vorgegebene Ordnung gibt, sondern eine Vielfalt, in der man sich verlieren kann. Die Architektur der Ricola-Lagerhalle hingegen gibt die Richtung der Wahrnehmung vor. Ein besonderes Spiel mit der räumlichen Wirkung wird durch die Verschiebung der Maßstäbe möglich.

BLACK LACQUERED TEA CADDY. IN PLACING A VASE OR AN INCENSE BURNER OF THE TOKONOMA, CARE SHOULD BE TAKEN NOT TO PLACE IT IN THE EXACT CENTRE, LEST IT DIVIDES THE SPACE INTO TWO EQUAL HALVES.

The interior design of the Totsutotsusai-Tearoom in the Konnichian-Residence mirrors this 174 asymmetrical order: the middle axis is – as far as possible – avoided; and all elements of the inventory are unique, as is every object in the room. Nothing captures the visitor's attention; his mind can freely unfold. Everyone can feel accepted in his own special character and individuality particularly in the uniqueness of the room's order. Avoiding symmetry implies, in this unique case, a special appreciation of every single object.

Two examples illustrate the diverse effects of architecture when oriented toward the natural principle of asymmetrical growth. Taking the Townhouse Living Room of Enrique Miralles 181 [1955–2000] and Benedetta Tagliabue, we can clearly see the meaning of the uniqueness and the free ordering of the various construction elements. Here, the most diverse elements, all of a quite unique quality, form an open and convertible system, as well as conveying deep sensory impressions – but without Japanese austerity.

The horizontally structured façade of the Store- 182 house of Ricola AG with the strips that become wider toward the top, can be interpreted as a sign of either compression or expansion. The Living Room by Miralles seems to be a place of inner liberation, because there is no prearranged order, but rather a variety in which you can lose yourself. The architecture of the Storehouse, by comparison, tends to predetermine the direction of perception.

An interesting variation of the room's spatial qualities can be achieved simply by altering the scales. Numerous artistic examples are pres-

181　Enrique Miralles/Benedetta Tagliabue, Wohnraum, Barcelona
Enrique Miralles/Benedetta Tagliabue, living room, Barcelona

182　Herzog & de Meuron, Lagerhalle der Ricola AG, Laufen, 1986–91
Herzog & de Meuron, storehouse of Ricola AG, Laufen, 1986–91

183 Ryoanji-Steingarten
Ryoanji stone garden

184 Feuerstelle im Haus als Steingarten
Fireplace in the house as a stone garden

In der abendländischen, aber auch in der japanischen Kultur finden sich zahlreiche künstlerische Beispiele, die mittels neuer Perspektiven versuchen, die Wahrnehmungsmuster der Menschen zu durchbrechen und zu öffnen. Die Überhöhung und Filigranität gotischer Kathedralen oder auch die schwingenden Raumkonturen der Barockkirchen lassen die Raumgrenzen durchlässig werden und führen zu einer Ausdehnung der menschlichen Wahrnehmung. Auch die Anlage japanischer Gärten kann dies verdeutlichen: Wenn man vom Ryonanji-Tempel in den dazugehörigen Steingarten blickt, lässt die großzügige Weite der Anlage eher an Inseln in einem Meer denken.

Veränderte Bezugsgrößen wirken auf die Wahrnehmung des Betrachters, indem sie ihn zwingen, seine menschliche Perspektive zu verlassen – er bekommt die Chance, mit dem Gesehenen zu wachsen. Eine solche Wirkung ruft beispielsweise das Merida Conference Center von Fuensanta Nieto und Enrique Sobejano hervor. Die Betonplatten, mit denen das Gebäude verkleidet ist, sind mit einem Relief aus kleinmaßstäblichen Stadtaufsichten geschmückt. So blickt der Betrachter scheinbar von weit oben auf die Erde herab, obwohl er gleichzeitig mit beiden Beinen fest auf dem Boden steht – eine raffinierte Verschiebung der Perspektive. Die Architektur der New Yorker Shusaku Arakawa und Madeline Gins will ebenfalls über Irritation die Wahrnehmung des Betrachters von den gewohnten Mustern lösen und so erweitern: Dieselben

ent in western as well as Japanese culture, which – by means of new perspectives – attempt to penetrate and open up human patterns of perception. The highly elaborate and delicate appearance of Gothic cathedrals – or even the vibrant spatial contours of Baroque churches – make their spatial boundaries transparent and lead to the expansion of human perception. The siting of Japanese gardens can have the same effect: when you look from the Ryonanji-Temple into the adjoining stone garden, the site's spaciousness reminds of islands in the sea.

Changes in dimensions affect observers perception by forcing them to abandon human perspectives – granting them a chance to grow with what has been seen. The Merida Conference Center by Fuensanta Nieto and Enrique Sobejano may serve as an example: It is clad on the exterior by concrete panels with a relief pattern made of small-scale city views. Because of this the spectator is lifted into a perspective as if looking down at planet earth from far above which at the same time is the actual point of his perspective.

The architecture of the New Yorkers Shusaku Arakawa and Madeline Gins also sets out to release the spectator from habitual patterns of perception and thereby expand their consciousness – by a process of irritation. The same elements are rediscovered in different

186

185   Fuensanta Nieto/Enrique Sobejano, Merida Conference Center, Merida, 2004
Fuensanta Nieto/Enrique Sobejano, Merida Conference Center, Merida, 2004

186   Shusaku Arakawa/Madeline Gins, Ubiquitous Site, Nagi`s Ryoanji, Architectural Body, 1992–94
Shusaku Arakawa/Madeline Gins, Ubiquitous Site, Nagi's Ryoanji, Architectural Body, 1992–94

187 188 189 Shusaku Arakawa/Madeline Gins, Site of Reversible Destiny, Yoro, 1993–95
Shusaku Arakawa/Madeline Gins, Site of Reversible Destiny, Yoro, 1993–95

Elemente lassen sich in verschiedenen Maßstäben und Umgebungen wiederfinden und zwingen
den Bewohner, immer wieder andere Bezugsgrößen zu verarbeiten. Mit ihrer Interpretation des Ryo-
anji-Steingartens steigern Arakawa und Gins die
Verschiebung der Perspektive, indem sie keinerlei
Orientierungspunkte mehr bieten. Sie stellen den
Garten in einem Rohr dar: Er ist seitlich an der
Wand verschoben und bringt die gewohnte Wahrnehmung des Besuchers ins Wanken, da er in dem
verdrehten Raum scheinbar jede Bodenhaftung
verloren hat. An den Enden zeigen sich auf der einen Seite – als weißes Licht – das Leben und auf
der anderen – als ein endlos wirkender schwarzer
Raum – der Tod. Das Feld dazwischen, also der
Querschnitt des Kreises, soll die Gleichzeitigkeit
von beidem in der Unendlichkeit bewusst machen.
Arakawa und Gins stellen dieser neuen Wahrnehmung die Worte voraus: „ANFANG, VERGANGEN-
HEIT, ZUKUNFT, ICH und DU sind alles Worte, die
in diesem Prozess nichts zu suchen haben. Sie sind
überflüssig. Tretet ein und lernt nicht zu sterben."
Ihr Critical Resemblance House steht in einem modernen japanischen Garten, der Site of Reversible
Destiny. Die in der Mitte durchtrennten und gleichzeitig verschobenen Wandscheiben bilden ein Labyrinth und verbinden die unterschiedlichen Maßstäbe von Boden und Decke. Der Weg durch den
Garten lässt sich in gewohnter Weise nur schwer
passieren. Verschobene Perspektiven, schräge
Ebenen und verschiedenste Oberflächen zwingen

dimensions and surroundings, compelling the
occupant to process continually changing dimensions. In their interpretation of the Ryoanji
Stone Garden Arakawa and Gins intensify the
displacement of perspectives by no longer pro-
viding any points of orientation. They represent
the garden in a tube: it is pushed to the wall
sideways and destabilizes the visitor's usual
perception, because in the twisted room, he or
she seems to have lost all firm footing. At the
respective ends a white light representing life
or an apparently endless black space representing death can be seen. The area in-be-
tween, that is, the cross-section of the circle, is
meant to make us conscious of both simultaneously for all infinity. As a prelude to this new
way of perceiving things, Arakawa and Gins
place the following: "BEGINNING, PAST, FU-
TURE, ME and YOU are all words that have no
place in this process. They are superfluous.
Step in and learn not to die."
Their Critical Resemblance House is located in
a modern Japanese garden, the Site of Reversible Destiny. The wall sections, which are divided in the centre and displaced at the same
time, form a maze and connect the different
scales of floor and ceiling. The path through
the garden can usually only be taken only with
great difficulty. Displaced perspectives, tilted
levels and the most diverse surfaces force the
visitor constantly to reorient himself. In the

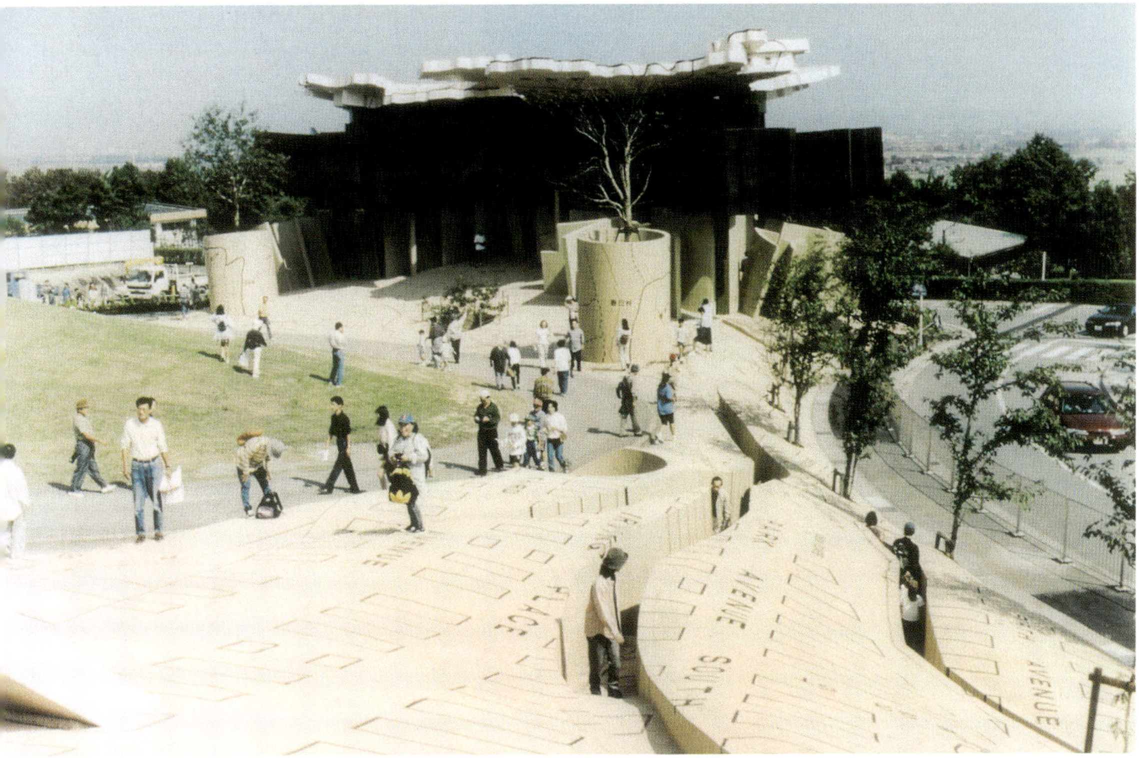
PLACE
PARK AVENUE SOUTH
AVENUE

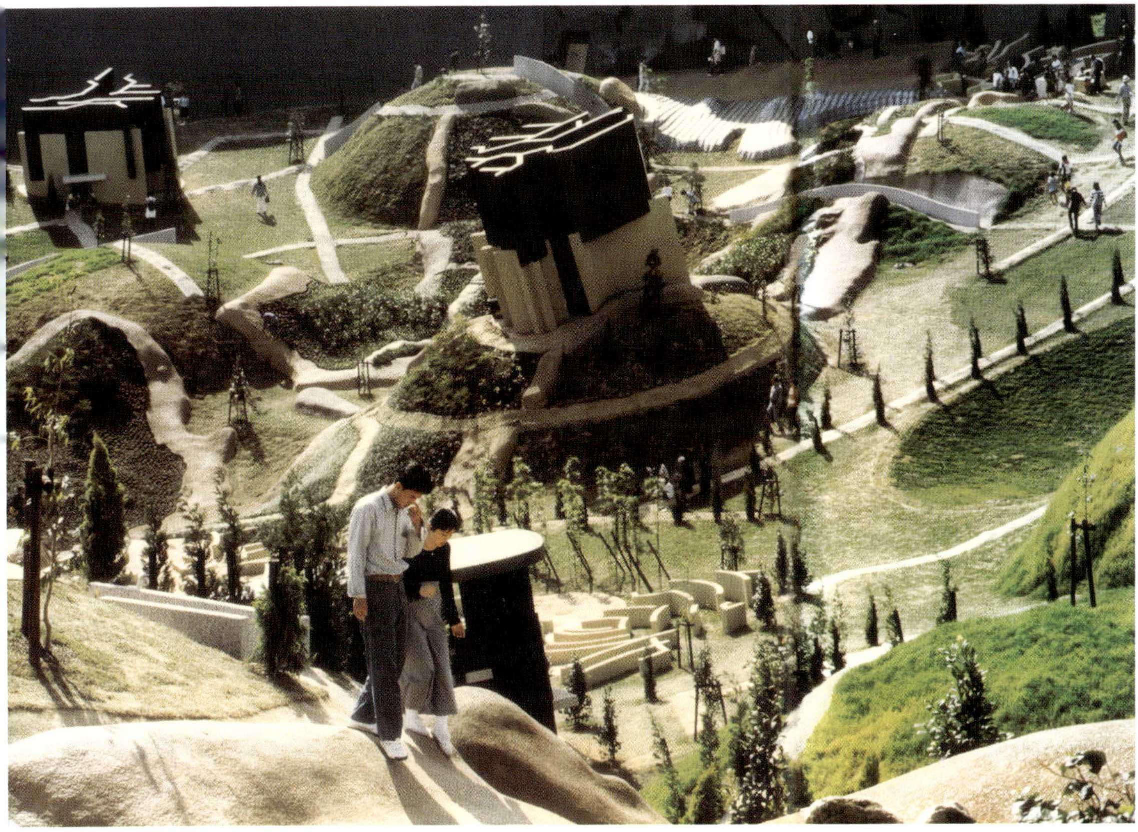

den Besucher dazu, sich ständig neu zu orientieren. In der Mitte des Gartens finden sich die Fundamente der gleichen Wandscheiben wie im Haus in Miniaturform wieder. Die exakt zugeschnittenen Büsche auf der Begrenzungsmauer stellen in verkleinerter Form die Berge aus der Umgebung dar. Die Irritation, die den Besucher hier befällt, initiiert durch unvermutete Brüche und Wiederholungen in der Architektur, dient der Neuorientierung und der Loslösung von der gewohnten Wahrnehmung. Alle Gestaltungselemente zwingen zu einem Moment des Innehaltens, weil sich die Sehgewohnheiten erst anpassen müssen – sie geben uns die Möglichkeit, mit „anderen Augen" zu sehen.

Ein vergleichbares Schauspiel findet sich im Renaissancegarten Parco dei Mostri, der von Pirro Ligorio im italienischen Bomarzo gebaut wurde. Bereits im 16. Jahrhundert wurde also auch in Europa mit dem Mittel der Irritation gearbeitet. Eine Architektur, die sich von der Fixierung auf die Symmetrie löst und frei mit Verschiebungen, auch im Maßstab, arbeitet, kann irritieren und so den Menschen von seinen gewohnten Wahrnehmungsmustern befreien – sie bietet Möglichkeiten zur inneren Entfaltung und zum geistigen Wachstum.

middle of the garden, the foundations of the same wall sections as in the house are repeated in miniature form. The precisely clipped bushes on the boundary wall represent the nearby mountains on a smaller scale. The feeling of irritation that overcomes the visitor here is initiated by unsuspected breaks and repetitions in the architecture, which encourages reorientation and release from accustomed modes of perception. All the elements of design force the viewer to stop for a moment of reflection, as the habits of perception first have to readjust. These show us the possibility of seeing with "different eyes".

A comparable drama is played out in the Renaissance garden, Parco dei Mostri, which was built in the Italian city of Bomarzo by Pirro Ligorio. Thus, there is already an example in 16th century Europe of irritation as an artistic method. Architecture that releases itself from concentrating on symmetry and works freely with displacements, even in the area of proportion, can have an irritating effect which liberates us from our habitual patterns of perception – offering us possibilities for inner development and intellectual as well as spiritual growth.

Der menschliche Körper ist ein feinstoffliches Gebilde. Wenn es zunächst auch scheint, als besäße er klare Abgrenzungen zur Außenwelt, trügt uns hier doch unsere Wahrnehmung. Denn auf mikroskopischer Ebene existieren diese Schranken nicht; sie lösen sich im Schwebezustand feinster Energiepartikel auf. Aus einer ganzheitlichen Perspektive sind sich die Elemente im Makrokosmos des Universums, aber auch im Mikrokosmos unserer Zellen sehr ähnlich.

Feinstoffliche Erscheinungen sprechen daher eher unsere intuitive Sinneswahrnehmung an. Sie unterstützen, da die Grenzen diffus und durchlässig werden, unsere Verbindung mit dem grenzenlosen Raum. In der Architektur kann über Mikro-Makro-Entsprechungen des Raumes die Wahrnehmung des Menschen gewissermaßen „aufgelöst" werden: Sie weitet sich angesichts der Größe des Raumes oder verliert sich in der Feinheit der Details. In beiden Bereichen sind die Endpunkte der optischen Wahrnehmungsmöglichkeit erreicht, weil sich im großen Maßstab die Grenzen des Raumes und im kleinen die Grenzen der Oberfläche zu verlieren scheinen.

190 Form, Volumen und Oberfläche einer Moschee des türkischen Baumeisters Sinan [1489–1588] zeigen Möglichkeiten, diese Entsprechung architektonisch umzusetzen. Hier verliert sich der Betrachter in den Rundungen des riesigen Raumes und im kleinteiligen Ornament der Fliesen. Eine Oberfläche kann auch über die Beschaffenheit ihrer Struktur den Anschein von Durchlässigkeit erzeugen: Selbsttragend wie eine Gitterschale verbindet
192
191 sie so den Maßstab eines Korbes mit dem einer Halle.

Beim japanischen Haus zeigt sich die Feinstofflichkeit in der zarten Struktur der Oberflächen ebenso wie in der Durchlässigkeit der mehrschichtigen

The human body is a creation of great subtlety. At first, it seems as though it possesses clear delineations against the outside world. However, here our perception deceives us. These limits do not exist on the microscopic level; they dissolve in the floating state of finest energy particles. Seen from a holistic perspective, the elements in the macrocosm of the universe and the microcosm of our cells are very similar.

Subtle phenomena therefore tend to appeal more to our intuitive sensual perception. It supports our connection to limitless space, since the limits become diffuse and permeable. In architecture, man's perception can be "dissolved" to a certain extent by the micro-macro correspondence of space: due to the dimension of space, it expands and loses itself in the fineness of the details. In both areas, the end points of potential optical perception are achieved as the spatial limits seem to lose themselves on the large scale and surface limits on the small scale.

Possibilities of applying this correspondence architecturally reveal themselves in the form, 190 capacity and surface of a mosque by the Turkish architect Sinan [1489–1588]. Here, the spectator loses himself in the curves of the vast room and in the small segments of the tiles' ornamentation. The structure can also make the surface appear transparent: Self- 192 supporting as a grid shell it thus connects the 191 dimension of a basket with that of a hall.

The subtlety of a Japanese house is revealed in the delicate structure of surfaces as well as the permeability of the multi-layered building skin. But this kind of design principle is also evident in the work of Frank Lloyd Wright, as for exam-

190

191

192

90   Sinan-Moschee, Türkei, 16. Jh., Mikro-Makro-Auflösung
Sinan mosque, Turkey, 16th century, micro-macro resolution

91   Fischreuse im Niger
Fish trap in the Niger

92   Gitterschale des japanischen Architekten Kiyonori Kikutake, Expo 1988
Grid shell by Japanese architect Kiyonori Kikutake, Expo 1988

Gebäudehülle. Aber auch bei Frank Lloyd Wright lässt sich ein solches Gestaltungsprinzip finden, zum Beispiel in den Ornamentwänden des Charles Ennis House, denen eingemeißelte Öffnungen den Eindruck von besonderer Transparenz verleihen.

Mies van der Rohe integrierte großflächige, wundervoll gemaserte Steinplatten in seine Gebäude, aber auch in seinen subtil gegliederten Fassadenprofilen, den durchschimmernden Seidenvorhängen und den verspiegelten Säulen, die sich in und an seinen Bauten immer wieder finden, drückt sich der Wille aus, mit Hilfe der Architektur die Wahrnehmung des Betrachters für die vielfältigen Entsprechungen zwischen Mikro- und Makrokosmos zu schärfen und den scheinbaren Gegensatz zwischen den Größenverhältnissen zu verwischen.

Die innen wie außen sehr fein strukturierten Oberflächen von Alvar Aaltos Gebäuden erlauben ebenfalls vielfältige Assoziationen, auch zu kleineren Bezugsgrößen der Natur wie Pflanzen und Menschen. Die Stabstrukturen lassen zudem die Grenze zwischen innen und außen weicher erscheinen.

In der Fassade von Jean Nouvels Institute du Monde Arabe in Paris greift der französische Architekt die traditionelle orientalische Ornamentik auf und setzt sie in einem technischen Fotoblenden-System zur Lichtregulierung um. Dadurch lösen sich buchstäblich die Grenzen zwischen Materie und Licht auf, ob man sich nun innerhalb oder außerhalb des Gebäudes befindet. Wand und Himmel scheinen sich in der Fassade zu vereinen; die kompliziert gegliederten Blenden stellen zudem einen subtilen Bezug zu Laub und Astwerk der umstehenden Baume her. Im Inneren herrscht durch die vielfach durchbrochene Wand fast eine Atmosphäre wie in einer gotischen Kathedrale, in der durch das Lichtspiel der Bleiglasfenster die Grenzen von Raum und Zeit zu verschwimmen scheinen.

Bei Dominik Dreiners Bürogebäude in Heilbronn löst sich die Oberflächenstruktur in einem spiegelnden Geflecht aus Edelstahlbändern auf, die wiederum von der Glasfassade reflektiert werden. Hier

ple in the ornamental walls of Charles Ennis House, which gained special transparency through engraved openings.

Mies van der Rohe integrated large-surface, wonderfully grained stone slabs into his buildings. However, with the aid of architecture his desire to intensify the spectator's perception for multiple parallels between the micro and macro-cosmos is also expressed in the subtlety of his structured façade profiles, the shimmering and transparent silk curtains and the mirrored columns that constantly recur in his buildings. His desire is to blur the apparent contrast of different proportions on the micro and macro scale.

Alvar Aalto's buildings show very finely structured surfaces both on the inside as well as the outside. Thus, they permit diverse associations, also to nature's smaller scale references such as plants and humans. Additionally, stake-structures make the boundary between inside and outside appear softer.

The French architect Jean Nouvel adopts the traditional oriental use of ornamentation in the façade of the Institute du Monde Arabe in Paris and applies it in a technical photographic lens system for light regulation. This is how the boundaries between material and light literally dissolve – no matter whether you are inside or outside the building. Wall and sky seem to unite in the façade; the complicated structure of the lenses also creates a subtle reference to the foliage and branches of surrounding trees.

The perforated wall creates an atmosphere in the interior that is similar to that in gothic cathedrals, where the play of light of the stained-glass windows appears to blur the boundaries of space and time.

In Dominik Dreiner's office building in Heilbronn, the surface structure is dissolved by a reflecting web of stainless steel strips, which in turn are again reflected by the glass façade. Here, the boundaries between inside and out-

193   Frank Lloyd Wright, Charles Ennis House, Los Angeles, 1923–24
Frank Lloyd Wright, Charles Ennis House, Los Angeles, 1923–24

194   Mies van der Rohe, Barcelona-Pavillon, 1929
Mies van der Rohe, Barcelona Pavilion, 1929

195   Alvar Aalto, Villa Mairea
Alvar Aalto, Villa Mairea

196   Jean Nouvel, Institute du Monde Arabe, Paris, 1981–87
Jean Nouvel, Institute du Monde Arabe, Paris, 1981–87

197   Institute du Monde Arabe
Institute du Monde Arabe

198   199   200   201

verschwimmen sowohl die Grenzen zwischen innen und außen als auch zwischen Materie und Licht.

202 Beim Turm der Winde und bei der Bibliothek Sendai von Toyo Ito scheint die Oberfläche fast vollständig aufgelöst zu sein: Der Turm der Winde ist ein mehrschichtiges Rohr aus Stahlgitter, nachts unterschiedlich beleuchtet, am Tage silbrig opak. Der Sensor im Lichtsystem reagiert auf Stärke und Richtung des Windes.

203 Das Gebäude der Bibliothek Sendai wird von Gitter-Rohr-Stützen getragen. Das Gitter lenkt dabei von der Tragwirkung der Rohre ab und täuscht so

204 über die Schwerkraft hinweg – die Gebäudehülle scheint sich in der Mikrostruktur des fein bedruckten Glases geradezu zu verflüssigen.

Eine ähnliche Wirkung entfalten auch die schillernd wirkenden Oberflächen der Bauten von Herzog &

199 de Meuron. Die schwungvollen Gitter des Apartmenthauses in Basel, die mehrschichtige semitransparente Gebäudehülle der Orthodoxen Kirche in Zürich oder die fast „tätowiert" scheinenden Oberflächen des Sportzentrums in Pfaffenhofen lassen die Raumgrenzen nurmehr diffus erscheinen.

Ähnlich der traditionellen japanischen Baukunst, aber auch Alvar Aaltos Architektur, erreicht Peter Zumthor bei seinen Bauten die „Oberflächendiffusion" über das natürlich belassene Material, ohne dass – wie bei Herzog & de Meuron – eine zusätzliche Behandlung der Oberflächen nötig würde. Die Wand seines Haldensteiner Ateliers ist aus so schmalen Holzriemen gefertigt, dass sie sehr zart

side fade as well as those between material and light.

202 In the Tower of Winds and Sendai Library by Toyo Ito the surface seems to be almost totally dissolved: the Tower of Winds is a multi-layered tube built of steel grids. At night it is illuminated in different ways, during the day it is silver-opaque. The sensor in the light system reacts to the strength and direction of the wind.

203 The building of Sendai Library is supported by struts of grid-surfaced tubes. The grid deflects from the load capacity of the tube and thus is deceptive about the of gravity. The building

204 skin seems to liquidate in the micro-structure of the finely printed glass.

The shimmering appearance of the surfaces on the buildings by Herzog & de Meuron also have a similar effect. The swinging shutters of

199 the apartment block in Basel, the multi-layered, semi-transparent building skin of the orthodox church in Zurich and the almost "tatooed" appearance of the surfaces on the sport center in Pfaffenhofen make the spatial boundaries only appear more diffuse.

As in traditional Japanese architecture or similar to Alvar Aalto, Peter Zumthor also achieves "surface diffusion" in his buildings by the natural condition of the material, without an additional treatment of surfaces as with Herzog & de Meuron. The wall of his studio is made of such slim wooden straps that it appears very

198   Dominik Dreiner, Geschäftsstelle Südwestmetall, Heilbronn, 2003
Dominik Dreiner, office building Südwestmetall, Heilbronn, 2003

199   Herzog & de Meuron, Apartmenthaus, Basel, 1984–93
Herzog & de Meuron, apartment block, Basel, 1984–93

200   Peter Zumthor, Kunsthaus Bregenz, Ansicht, 1990–97
Peter Zumthor, Kunsthaus Bregenz, view, 1990–97

201   Stephen Holl, D.E. Shaw & Co. Büro- und Verkaufs-bereich, New York, 1992
Stephen Holl, D.E. Shaw & Co. office and trading area, New York, 1992

202   Toyo Ito, Turm der Winde, Yokohama, 1986
Toyo Ito, Tower of Winds, Yokohama, 1986

203   Toyo Ito, Bibliothek in Sendai, Modell
Toyo Ito, Library in Sendai, model

204   Toyo Ito, Bibliothek in Sendai, Ansicht, 2001
Toyo Ito, Library in Sendai, view, 2001

gegliedert wirkt. Die allmähliche Verwitterung, die die Oberflächen unregelmäßiger werden lässt, verstärkt diesen Eindruck noch.

200 Im Kunsthaus Bregenz erreicht der schweizerische Architekt das Zurücktreten der architektonischen Begrenzungen mit anderen Mitteln: Doppelte Dekken und Wände, die das natürliche Licht brechen, verleihen den Ausstellungsräumen eine diffuse

208 Atmosphäre. Die Fassade dieses doppelschaligen Baus besteht aus geätzten Glasplatten, die lose überlappend in ihren Halterungen verkeilt sind. Das Glas und seine Fixierung vermitteln den Eindruck eines durchlässigen Raumabschlusses.

205 Auch das Laborgebäude der Firma Boehringer Ingelheim, das Sauerbruch Hutton Architekten in Biberach gebaut haben, hat eine doppelschalige Fassade aus Glas. Hier dienen vertikale, bunte Lamellen in der Außenhaut als verstellbarer Sonnenschutz und Filter für eine natürliche Belüftung der Büros. Die sehr lebendige Oberfläche wirkt fast wie der vergrößerte Ausschnitt eines Schmetterlingsflügels und verbindet das heterogene Innenleben des Gebäudes nach außen zu einem ganzheitlichen Bild.

Kazuyo Sejima und Ryue Nishizawa haben in Na-
206 gano das O-Museum errichtet, einen lang gestreckten, leicht geschwungenen Bau, der zunächst streng und sehr geschlossen wirkt. Teile seiner Oberfläche aus milchig weißem Glas sind mit feinen, leicht bewegt wirkenden Streifen bedruckt, die einen Bezug zu den das Museum umgebenden Pflanzen herstellen. Die Tönung des Glases mildert die Strenge der Abgrenzung, anders als es eine rein weiße Oberfläche vermocht hätte. Zusätzlich wird die Fläche über die feinen Streifen der Fugen, die Punkte der Fixierungen und die Bedruckung aufgelöst. So entsteht eine ambivalente Raumgrenze, nach außen opak und nach innen durchscheinend – wie traditionelle Bambusvorhänge.

207 Beim Tageszentrum für ältere Menschen in Yokohama treiben die beiden Architekten die Diffusion des Materiellen noch weiter. Eine je nach Blickrichtung transparent oder moiréeartig opak wirkende

delicately structured. The gradual weathering effect, which makes the surfaces appear more irregular, further intensifies this impression.

200 In Kunsthaus Bregenz, Peter Zumthor achieves the withdrawal of architectural restrictions by other means. Double ceilings and walls, which refract the natural light, give the exhibition

208 spaces a diffused atmosphere. The façade of a double-layered building consists of etched glass plates, which are loosely overlapping and wedged in their mounts. Glass and attachments also give the impression of spatial transparency.

205 The laboratory building of Boehringer Ingelheim designed by Sauerbruch Hutton Architects also has a façade of double-layered glass. Vertical coloured slats in the outer skin serve as adjustable sunshade and filter for natural air conditioning of the offices. The vivid surface reminds of an enlarged detail of a butterfly's wing and unites the diverse interior to an integral appearance.

206 The O-Museum by Kazuyo Sejima and Ryue Nishizawa is a long, slightly curved structure that first appears strict and very firm. Parts of its surface out of milky white glass are printed with fine, slightly moved strips, which link the museum to the surrounding plants. The glass tinting softens the strictness of the boundary in a different way than a purely white surface might have done. In addition, the surface is dissolved by the fine strips of the joints, the points of the attachments and the imprintings. In this way, an ambivalent spatial boundary emerges, which appears opaque on the outside and as transparent as traditional bamboo curtains on the inside.

207 The two architects take the diffusion of the material even further in the Day Center for the Elderly. The glass walls of this long building are coated with a special foil which appears either transparent or opaque, depending on the angle from which you look at it. Inside as well as out-

205 Sauerbruch Hutton Architekten, Laborgebäude Boehringer Ingelheim
Pharma AG, Biberach, 2000–2002
Sauerbruch Hutton Architects, laboratory building of Boehringer Ingelheim
Pharma AG, Biberach, 2000–2002

206 Kazuyo Sejima und Ryue Nishizawa, O-Museum, Nagano, 1995/1999,
Vorderseite
Kazuyo Sejima and Ryue Nishizawa, O-Museum, Nagano, 1995/1999,
frontside

207 Kazuyo Sejima und Ryue Nishizawa, Tageszentrum für ältere Menschen,
Yokohama, 1997–2000, Innenraum
Kazuyo Sejima and Ryue Nishizawa, day care center for the elderly,
Yokohama, 1997–2000, interior

Spezialfolie, mit der die Glaswände dieses langen Baus beschichtet wurden, lässt innerhalb wie ausserhalb des Gebäudes eine Art Schwebezustand zwischen Raumgestaltung und Umwelt, Materiellem und Immateriellem, Leben und Tod entstehen; somit spiegelt das Gebäude die Grenzsituation wider, in der sich seine Bewohner befinden.

Eine andere Möglichkeit, durch Mehrschichtigkeit massive Oberflächen durchlässig erscheinen zu lassen, zeigt der amerikanische Architekt Stephen Holl in seinem Showroom für D. E. Shaw. Die Wirkung dieses Raumes ist vielleicht vergleichbar mit derjenigen, die Le Corbusiers Kapelle in Ronchamp oder Installationen wie *Sidelook* von James Turell auf den Betrachter haben. Holl greift die Idee von frei in der Wandfläche verteilten Öffnungen verschiedener Größe und Ausrichtung auf und kombiniert sie mit versteckter Beleuchtung. Dadurch verleiht das Licht dem Showroom eine einzigartige Wirkung, da es die Raumgrenzen geradezu immateriell scheinen lässt.

Architektur kann also auf verschiedenen Wegen eine Durchlässigkeit erreichen, die uns an die feinstoffliche Beschaffenheit des menschlichen Körpers gemahnt. Der geschickte Einsatz des Materials kann beim Nutzer eine geistige Öffnung auslösen, durch die sich der Mensch im Rahmen eines größeren Kontextes wahrnimmt und sich mit seiner Umgebung verbindet.

side the building, a state of uncertainty is created between interior and environment, between material and immaterial, between life and death. This refers to the occupants' existential threshold.

In his showroom for D. E. Shaw, the American architect Stephen Holl shows another possibility of making solid surfaces appear permeable by multiple layers. The spaces' effect on the spectator is possibly comparable to that of Le Corbusier's chapel in Ronchamp or installations such as *Sidelook* by James Turell. Holl freely adopts the idea of openings in the wall surface distributed in different sizes and orientations and combines them with concealed lighting. The light gives the showroom a very special atmosphere, as it allows room demarcations to appear virtually immaterial.

The subtle creation of the human body can be experienced through the permeability of architecture. By skilful use of the material, an intellectual opening can be caused in which man perceives himself in the framework of a wider context and connects himself to his environment.

208 Peter Zumthor, Kunsthaus Bregenz, Detail der durchscheinenden Hülle mit lose gefügten Platten, 1990–97
Peter Zumthor, Kunsthaus Bregenz, detail of translucent skin with loosely joined glass plates, 1990–97

In der Auffassung vieler Kulturen liegt die höchste Erfahrungsmöglichkeit des Menschen im Nichts. Danach entsteht alles aus diesem „leeren Raum", das Gefühl völliger Freiheit sowie die daraus resultierende Schöpfungskraft des Menschen.

Wie bereits beschrieben, wirkt die Architektur als Erweiterung unseres Körpers und auch unseres Geistes. Findet die Baukunst für den Zustand der Leere eine Ausdrucksform, kann sie eine Atmosphäre schaffen, die von Frieden und Kraft zeugt und die sich auf den in ihr lebenden Menschen übertragen kann. Die Leere ist hierbei Ausgangspunkt und das subtilste aller Ziele zugleich. In der Bibel heißt es: „Gott schuf die Welt aus dem Nichts und ins Nichts kehrt alles zurück." Der griechische Philosoph Demokrit [460–371 v. Chr.] sagte, dass hinter den Atomen Leere sei; Johannes vom Kreuz [1542–1591], spanischer Dichter und Kirchenlehrer, spricht vom *Nada* und der Zen-Buddhismus vom *Mu*. Raimond Panikkar, als Philosoph und katholischer Theologe ein Grenzgänger zwischen den Kulturen, schreibt in *Das Göttliche in Allem* über seine Erfahrung der Leere:

DIESE VON UNS GEMACHTE ERFAHRUNG BESTEHT [...] IN DER WIEDERERLANGUNG UNSERES URSPRUNGSZUSTANDES, NÄMLICH DES NATÜRLICHEN, DES NACH TRADITIONELLEM VOKABULAR PARADIESISCHEN ZUSTANDES [...] DAMIT DRÜCKEN WIR AUS, DASS DER WEG ERLÖSUNG, BEFREIUNG, VERWIRKLICHUNG IST [...] DIE GOTTESERFAHRUNG BESTEHT DARIN, MIT DER GANZHEIT UNSERES SEINS DIE GANZHEIT DES UNIVERSELLEN SEINS ZU BERÜHREN – UNSEREN KÖRPER ZU SPÜREN, UNSERE PSYCHE UND UNSEREN GEIST, DIE GANZE WIRKLICHKEIT IN UNS UND AUSSERHALB VON UNS. DIES IST PARADOXERWEISE DIE ERFAHRUNG DER KONTINGENZ: WIR BERÜHREN IN EINEM PUNKT DAS UNENDLICHE.

Many cultures share the view that the highest potential of experience lies in nothingness. According to this, everything is created from this "void", even the feeling of total freedom and man's resulting creativity.

As already described, architecture works as an extension of our body and also our mind. If architecture finds a form of expression for emptiness it can create an atmosphere which produces peace and power that can be transferred to the people living in it. In this case, emptiness is both a starting point and also the most subtle of all goals. In the Bible, it is written: "God created the world out of nothingness and all things return to nothingness. According to the Greek philosopher Democritus [460–371 B. C.], nothingness lies behind the atoms; John of the Cross [1542–1591], the Spanish poet and preacher speaks of *Nada* and Zen Buddhism of *Mu*. Raimond Panikkar, a philosopher and Catholic theologian between the cultures, describes his experience of emptiness in the following manner:

THIS EXPERIENCE MADE BY US CONSISTS [...] IN REGAINING OUR ORIGINAL STATE, NAMELY, OF THE NATURAL STATE, OR IN TRADITIONAL VOCABULARY, OF PARADISE. [...] BY THAT, WE EXPRESS THAT THE WAY IS SALVATION, RELEASE, ATTAINMENT. [...] THE EXPERIENCE OF GOD LIES IN TOUCHING THE ENTIRETY OF UNIVERSAL BEING WITH THE ENTIRETY OF OUR BEING – OF FEELING OUR BODY, OUR MIND AND OUR SPIRIT, OF THE ENTIRE REALITY IN US AND OUTSIDE OF US. THIS IS PARADOXICALLY THE EXPERIENCE OF CONTINGENCY: IN ONE POINT, WE TOUCH INFINITY.

Maurice Merleau-Ponty [1908–1961] approaches an understanding of "emptiness" from a

Maurice Merleau-Ponty [1908–1961] nähert sich in *Das Sichtbare und das Unsichtbare* dem Verständnis der „Leere" von der philosophischen Seite:

BERÜHREN HEISST SICH-BERÜHREN. DIE DINGE SIND DIE VERLÄNGERUNG MEINES LEIBES UND MEIN LEIB IST DIE VERLÄNGERUNG DER WELT, DURCH IHN UMGIBT MICH DIE WELT. […] DAS UNBERÜHRBARE DES BERÜHRENS, DAS UNSICHTBARE DES SEHENS, DAS UNBEWUSSTE DES BEWUSSTSEINS, SEIN ZENTRALES *PUNCTUM CAECUM*, DIESE BLINDHEIT, DIE ES ZUM BEWUSSTSEIN MACHT, D.H. ZUM INDIREKTEN UND UNGEHÖRTEN ERFASSEN ALLER DINGE, IST DIE KEHRSEITE ODER ANDERE DIMENSION DES SINNLICHEN SEINS.

Der französische Philosoph spricht hier davon, warum der Mensch gleichzeitig Mensch und „leerer Raum" ist und dass sich diese Gleichzeitigkeit in allem findet, was die menschliche Umgebung ausmacht. Also auch in der Architektur – der Mensch kann sie wie sich selbst erfahren und so ist es möglich, die Erkenntnis dieser Gleichzeitigkeit im gebauten Raum zu finden. Merleau-Ponty führt dazu weiter aus:

DIE FRAGE NACH DEN URSPRÜNGEN STELLT SICH FÜR MICH NICHT MEHR, UND AUCH NICHT DIE FRAGE NACH GRENZEN UND EREIGNISREIHEN, DIE AUF EINE ERSTE URSACHE ZURÜCKGEHEN, SONDERN ES GIBT FÜR MICH NUR NOCH EIN EINZIGES ZERSPRINGEN, DAS FÜR IMMER IST […], WO […] ALLE UNTERSCHEIDUNGEN SICH IN EINE UNIVERSALE DIMENSIONALITÄT EINFÜGEN, DIE DAS SEIN IST.

Eine fernöstliche Entsprechung aus dem 6. Jahrhundert findet sich im *Shin Jin Mei Sutra* von Zen-Meister Sosan:

DAS ULTIMATIVE ENDE DER DINGE, AN DEM SIE NICHT MEHR WEITERGEHEN KÖNNEN, IST NICHT AN GESETZE UND MASSE GEBUNDEN. […] ES BLEIBT NICHTS ZURÜCK UND ES WIRD NICHTS FESTGEHALTEN. […]
ALLES IST LEER, AUS SICH HERAUS LEUCHTEND; ES GIBT KEINE ANSTRENGUNG, KEINE ENERGIEVERSCHWENDUNG – DIES IST WOHIN DAS DENKEN NIE GELANGT, WO

philosophical viewpoint in his work, *The Visible and The Invisible*:

TOUCHING MEANS TOUCHING ONESELF. EVERYTHING IS THE EXTENSION OF MY BODY AND MY BODY IS THE EXTENSION OF THE WORLD, THROUGH IT, THE WORLD SURROUNDS ME. […] THE INTANGIBILITY OF TOUCHING, THE INVISIBILITY OF SEEING, THE UNCONSCIOUS OF CONSCIOUSNESS, ITS CENTRAL *PUNCTUM CAECUM*, THIS BLINDNESS, CAUSING AWARENESS, THAT IS, TURNING IT INTO AN INDIRECT AND INAUDIBLE GRASPING OF ALL THINGS, IS THE REVERSE OR OTHER DIMENSION OF SENSUAL BEING.

Here, the French philosopher speaks about why man is both man and "void" and that this simultaneity is present in everything that defines the human context. That also applies to architecture – man can experience it just as he experiences himself. In this way it is possible to discover the recognition of this simultaneity in built space:

THE QUESTION ABOUT THE ORIGINS NO LONGER PRESENTS ITSELF FOR ME AND NOR DOES THE QUESTION OF BOUNDARIES AND SERIES OF EVENTS, WHICH ARE TRACED BACK TO A FIRST PRINCIPLE, BUT THERE IS ONLY ONE SINGLE SHATTERING FOR ME, WHICH IS FOR EVER […], WHERE […] ALL DIFFERENCES FIT INTO A UNIVERSAL DIMENSIONALITY, WHICH IS EXISTENCE ITSELF.

A 6th century far-eastern parallel is in the *Shin Jin Mei Sutra* by Zen master Sosan:

THE ULTIMATE END OF THINGS, WHERE THEY CANNOT GO FURTHER IS NOT BOUND BY RULES AND MEASURES. […] THERE IS NOTHING LEFT BEHIND AND IS NOTHING RETAINED. […]
ALL IS VOID, LUCID AND SELF-ILLUMINATED; THERE IS NO EXERTION, NO WASTE OF ENERGY – THIS IS WHERE THINKING NEVER ATTAINS, THIS IS WHERE THE IMAGINATION FAILS TO MEASURE. IN THE HIGHER REALM OF TRUE SUCHNESS, THERE IS NEITHER "SELF" NOR "OTHER".

209 Ryoanji-Steingarten
Ryoanji stone garden

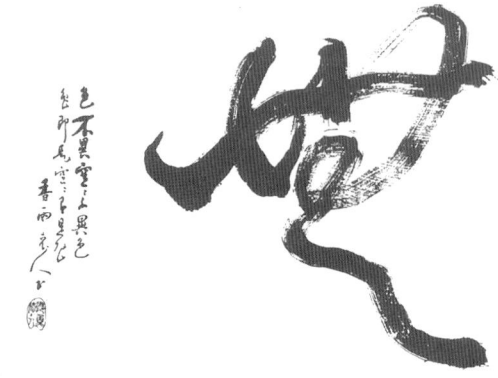

210 Suzuki Kou, Kalligraphie *Mu* [„Nichts"]
Suzuki Kou, calligraphy *Mu* ["nothingness"]

DAS VORSTELLUNGSVERMÖGEN VERSAGT. IN DER HÖHE-REN STUFE WAHREN SOSEINS GIBT ES WEDER „SELBST" NOCH „ANDERES".

Besonders in der Reduktion des japanischen Stein-gartens kommt eine Leere zum Ausdruck, wie sie die zitierten Autoren zu umschreiben versuchten. Die Leere, die dem Nichts entspricht und aus der alle Erscheinungen entstehen – wie es in einem der wichtigsten Texte des Mahayana-Buddhismus, im *Diamant Sutra* [etwa 100 n. Chr.] beschrieben wird:

ALLE ZUSAMMENGESETZTEN DINGE SIND WIE EIN TRAUM, EINE PHANTASIE, EINE BLASE, EIN TAUTROPFEN, EIN BLITZ. ALS GENAU DAS MÜSSEN SIE ANGESEHEN WER-DEN – UND GENAUSO SOLLTEST DU DIESE VERGÄNG-LICHE WELT BETRACHTEN, ALS EINEN STERN IN DER DÄMMERUNG, EINE BLASE IN EINEM STROM, EINEN TAUTROPFEN, EINEN BLITZ IN EINER SOMMERWOLKE, EINE FLACKERNDE LAMPE, EIN PHANTOM UND EINEN TRAUM.

209 Der Schnee des Winters verstärkt den Charakter der Leere: Steine, Mauern, Bäume, Dächer, selbst der Betrachter treten aus ihr hervor und gehen gleichzeitig in sie zurück.

210 In der japanischen Kalligraphie kommt dieser Geist ganz unmittelbar zum Ausdruck. Ist der Künstler „leer", also frei von Gedanken, kann er eins werden mit dem, was er darstellen möchte – dann wird die

Emptiness, as the cited authors attempted to describe, is expressed especially in the reduc-tion of the Japanese stone garden. Emptiness corresponds to nothingness and all appear-ances are created from it – as described in one of the most important texts of Mahayana Bud-dhism, in the *Diamond Sutra* [approximately 100 A. D.]:

ALL COMPOSITE THINGS ARE LIKE A DREAM, A FANTASY, A BUBBLE AND A SHADOW, ARE LIKE A DEWDROP AND A FLASH OF LIGHTNING. THEY ARE THUS TO BE REGARD-ED – AND SO YOU SHOULD THINK IN THIS WAY OF ALL THIS FLEETING WORLD AS A STAR AT DAWN, A BUBBLE IN A STREAM, A DEWDROP AND A FLASH OF LIGHTNING IN A SUMMER CLOUD, A FLICKERING LAMP, A PHANTOM AND A DREAM.

The snow in winter intensifies the character of emptiness: stones, walls, trees, roofs, even the spectators emerge from it and at the same time recede into it. 209

This spirit is directly expressed in Japanese calligraphy. If the artist is "empty", that is, free of thoughts, he can unite with what he wants to depict – then the power of what goes beyond the object into "nothingness" becomes visible in the ink drawing. 210

The Japanese house is built as an extension of man. It shows the most diverse relations to en-vironment and its interior is like the "void" in

211 Teeraum
Tea-room

Kraft des über das konkrete Objekt hinausgehenden „Nichts" in der Tuschzeichnung sichtbar.

Das japanische Haus ist als Erweiterung des Menschen gebaut. Es zeigt vielfältigste Beziehungen zur Umwelt und sein Inneres ist wie der „leere Raum" im Menscheninneren. Hier gibt es kein oben und unten, hinten und vorn, rechts und links, kalt und warm, drinnen und draußen. Deshalb ist das japanische Haus, ganz wörtlich, leer und gleichzeitig von größter Subtilität und Akkuratesse. Jeder Moment wird in seiner Freiheit zum Ausdruck der Schöpfung.

211 Der Teeraum soll seinem Benutzer helfen, bei der Zeremonie im Inneren die Unendlichkeit zu finden. Deshalb bietet er nur eine eingeschränkte Sicht nach draußen. Alles ist darauf abgestimmt, eine Atmosphäre entstehen zu lassen, die dem Menschen hilft, innerlich „leer" zu werden. Denn dann kann jeder Augenblick in ihm als köstlich erlebt werden: das Wasser, die Schale, das Gebäck, der heiße Tee. Durch eine Wandöffnung blickt man in den Garten. Die Eindrücke der Farben, Pflanzen, Bewegungen und Geräusche bekommen eine ähnliche Intensität wie die Utensilien bei der Teezeremonie im Inneren des Teeraums. Man scheint hier wie dort die Unendlichkeit geradezu „berühren" zu können.

212 In Mies van der Rohes Scherenschnitten für das Resor House finden sich vergleichbare Elemente. Die Materialien treten aus dem weißen Grund hervor wie die Steine im Ryoanji-Garten. Der sehr reduzierte Baukörper scheint über dem Grund zu schweben und gibt den Blick durch das Haus frei. Wie beim japanischen Teeraum die Utensilien und

man's inner self. Here, there is neither above nor below, behind nor front, right nor left, cold nor warm, inside nor outside. For that reason, the Japanese house is, quite literally, empty and at the same time highly subtle and accurate. Every aspect in its freedom is an expression of creation.

The tea-room is intended to help its user to 211 find infinity in the ceremony inside. For that reason, it only offers a restricted view towards the outside. Everything is focused on creating an atmosphere that helps the individual to become "blank" within himself. Then, every single moment can be experienced as delicious: the water, the cup, the cakes, the hot tea. You look into the garden through an opening in the wall. The impressions of the colors, plants, movements and sounds attain an intensity like the utensils in the tea ceremony inside the tea-room. Here as well as there, you seem virtually to "touch" infinity.

Comparable elements are in Mies van der Ro- 212 he's silhouettes for the Resor House. The materials emerge from the white ground like stones in the Ryoan-ji-Garden. The very reduced building structure seems to be floating above the ground and opens up the view through the house. Just as the utensils and the garden gain a special significance in the Japanese tea-room, van der Rohe emphasizes the materiality of building components and landscape by formal strictness. The space is intended to be withdrawn to such an extent

der Garten eine besondere Bedeutung erfahren, betont van der Rohe durch formale Strenge die Materialität der Bauteile und die Landschaft. Der Raum soll so sehr zurückgenommen sein, dass er in der Darstellung als weiße Fläche stehen bleibt.

213   Auch in Herzog & de Meurons Weinkellerei in Kalifornien berühren sich Gebäude und Landschaft, Innen- und Außenraum durch die Schaffung subtiler räumlicher und materieller Bezüge und durch den eigenen Charakter der „Leere". So kann auch ein moderner Industriebau eine Atmosphäre erzeugen, wie sie dem traditionellen japanischen Bauernhaus eigen ist.

214   Im Valser Thermalbad von Peter Zumthor entsteht durch die Reduktion in Form und Material, die dennoch immer einen erkennbaren Bezug zur Umwelt und zum Menschen zulassen, eine Intensität, die der eines japanischen Teeraums nahe kommt. Und dies, obwohl es sich um einen öffentlichen Raum mit vielen Besuchern handelt. Im steinernen anthrazitgrauen Bereich der Ruhezone stehen Liegen aus weinrot gebeiztem Holz mit schwarzen Lederkissen auf Edelstahlbeinen. Sie sind auch in Reihung von hoher sinnlicher Qualität, wie die Utensilien der Teezeremonie. Aus dem leeren Raum blickt man auf den gegenüberliegenden felsigen Berghang, der fast wie ein Bild erscheint.

Auch wenn der „leere Raum" schwer vorstellbar ist, so stellt er doch eine Möglichkeit dar, die Grenzen der individuellen Wahrnehmung zu transzendieren. Architektur kann diese Wirkung initiieren und unsere Aufmerksamkeit für die Kostbarkeit auch der kleinsten Details schärfen.

that it remains untreated as a white area in the representation.

Building and landscape, inside and outside also touch in Herzog & de Meuron's wine cellar   213 in California. This is achieved by the creation of subtle spatial and material relations and by the own character of "vacancy". Thus, a modern, industrial building can also produce an atmosphere as is typical for a traditional Japanese farmhouse.

In Peter Zumthor's thermal spa in Vals, an in-   214 tensity is created by the reduction of form and material, which is similar to that of a Japanese tea-room. However, a link to man and the environment is always retained. This is the case even though the spa is a public room with many visitors. The rest zone in anthracite-gray stone holds loungers in stained burgundy-red wood with black leather cushions and stainless steel legs. Even when placed in a row, they are of high sensual quality, like the utensils for the tea ceremony. Out of the empty space you view the rocky mountainside opposite, which almost appears like a picture.

Even if it is difficult to imagine the "void", it still is a possibility of transcending the limits of individual perception. Architecture can initiate this effect and sharpen our awareness of the precious nature of even the smallest detail.

212 Mies van der Rohe, Resor House, Entwurf, 1938
Mies van der Rohe, Resor House, design 1938

213 Herzog & de Meuron, Dominus Winery, Nappa Valley, 1995-97, Lieferzone
Herzog & de Meuron, Dominus Winery, Nappa Valley, 1995-97, supply area

214 Peter Zumthor, Thermalbad, Vals, 1990–96, Ruhebereich
Peter Zumthor, thermal spa, Vals, 1990–96, rest zone

AUTHENTIZITÄT   **AUTHENTICITY**

Hat der Mensch erst einmal den Zusammenhang aller Elemente in der Welt erkannt, kann er seinen Platz in ihr viel selbstverständlicher und natürlicher einnehmen; die Grenze zwischen dem Ich und seiner Umgebung verschwindet.

Eine Architektur, die diesem Bewusstsein Rechnung tragen will, sollte sich in Bescheidenheit äussern und nicht in artifiziellen Ausdrucksformen. In diesem Buch wurden Beispiele aus der traditionellen japanischen und zeitgenössischen Architektur aufgeführt, die auf den ersten Blick große Unterschiede aufweisen. Und dennoch versuchen all diese Bauwerke auf jeweils ganz eigene Weise, den großen universellen Zusammenhang zu verdeutlichen, der dem ganzen Kosmos innewohnt. Jedes Bauwerk verrät dabei eigene Methoden, die Stimmung, die sich aus dieser Erkenntnis ergibt, auszudrücken. Eine solche Architektur der Natürlichkeit kann für den Menschen einen Raum schaffen, der mehr ist als ein bauliches Konstrukt, einen Raum, der auf den Menschen verweist, der in ihm lebt. So resultiert die Authentizität aus allen vorher gezeigten Möglichkeiten der Verbindung von Mensch und Natur.

In den *Geistreichen Sinn- und Schlussreimen* versinnbildlicht der Dichter Angelus Silesius [1624–1677] diese Echtheit und Glaubwürdigkeit:

215 DIE ROS IST OHN WARUM,
SIE BLÜHET WEIL SIE BLÜHET,
SIE ACHT NICHT IHRER SELBST,
SCHAUT NICHT, OB MAN SIE SIEHET.

Bei aller Künstlichkeit des japanischen Ambientes herrscht doch eine Atmosphäre, in der jeder einzelne Bestandteil eine enorme Ausstrahlung bekommt. Am Teehaus aus Stahl, das Hiroaki Kimura in Osaka geschaffen hat, zeigt sich, dass sich auch

Once humans have recognized the connection of all elements in the world, they can take their places in a much freer and more natural way; the boundary between the self and one's surroundings disappears.

Architecture that intends to do justice to this attitude, should articulate itself in modest and not high-flown forms of expression. In this book examples have been given of traditional Japanese and contemporary modern architecture, which at first sight indicate enormous differences. Yet all these buildings try to clarify – each in their own way – the great universal connection that unites the whole cosmos. Further, every building reveals its own methods of expressing the mood that emerges from this insight. This "natural architecture" can create a space for humans that is more than just an architectural construction, a space that is specific to the individual who lives in it. As a result, authenticity follows from all the previously shown possibilities for unifying humans and nature.

In *Geistreiche Sinn- und Schlussreime*, the German poet Angelus Silesius [1624–1677] sums up this authenticity and credibility thus:

THE ROSE IS WITHOUT WHY,   215
IT BLOOMS BECAUSE IT BLOOMS,
IT CARES NOT FOR ITSELF,
LOOKS NOT WHETHER YOU SEE IT.

Notwithstanding the artificial nature of the Japanese ambience, an atmosphere still prevails in which every single element attains an enormous radiance. The Teahouse made of Steel, by Hiroaki Kimura demonstrates how modern elements can also be harmoniously integrated

215 Hiroaki Kimura, Blume im Teehaus aus Stahl, Osaka, 2004
Hiroaki Kimura, flower in the teahouse of steel, Osaka, 2004

moderne Elemente sehr stimmig in ein traditionelles Umfeld integrieren lassen und neue Bautechniken dieselbe Intensität wie überlieferte entfalten können. Ist dies möglich, wird ein authentisches Gefüge gezeigt, in dem die jeweilige Zeit und die entsprechenden Lebensweisen der Menschen zum Ausdruck kommen können. Äußert sich die Architektur zweckmäßig und bescheiden, können sich Bauten verschiedenster Zeiten ganz selbstverständlich in ihre Umgebung einfügen.

Authentizität entsteht dann, wenn ein größerer Zusammenhang bewusst wird und nicht die Selbstdarstellung, sondern der Kontext im Vordergrund steht. Diese Bescheidenheit führt zu einer geistigen Freiheit, die es ermöglicht, Distanz zur Tradition zu wahren und eigene, der Zeit entsprechende Wege zu gehen.

into a traditional context and new building techniques can unfold with the same intensity as traditional ones. Where this is possible, an authentic structure emerges which expresses the corresponding era and lifestyles of the individuals concerned. If architecture is expressed in a functional and modest way, buildings dating from various different epochs will be integrated quite naturally into their environment.

Authenticity is created whenever man is conscious of the wider picture, when the whole context, and not just a self-illustration, is at the forefront. This modesty leads to an intellectual freedom which makes it possible to maintain a distance from tradition and to follow one's own path, while keeping pace with the times.

EINE NEUE ARCHITEKTUR   A NEW ARCHITECTURE

Alle in diesem Buch vorgestellten Aspekte wie Wandel, Ambivalenz oder Einfachheit und auch ihre Erläuterung an Beispielen aus der Architektur stellen nur Momentaufnahmen dar. Nicht alle der Gestaltungsmöglichkeiten, die die Verbindung von Mensch und Natur ausdrücken, können überall und gleichzeitig umgesetzt werden, denn die Gegebenheiten und Notwendigkeiten variieren. Der Leser ist eingeladen, die Vergleiche fortzusetzen und die Merkmale und ihre Darstellungen zu ergänzen – vor allem aber, einen eigenen und lebendigen Ausdruck zu finden.

Die fast flächendeckende Verwendung industrieller Produkte bedingt unseren immer „künstlicheren" Lebensraum und lässt die Distanz zur Natur immer größer werden. Das Bewusstsein für den Zusammenhang von Natur und Mensch, Materiellem und Geistigem geht so mehr und mehr verloren und das Gefühl der Entfremdung wächst.

Dabei ist dieser Zusammenhang in uns Menschen durch die Gleichzeitigkeit von Körper und Geist bereits angelegt. Trotzdem brauchen wir äußere Sinneseindrücke, um unser Bewusstsein immer wieder dafür zu sensibilisieren. Aufzuzeigen, wie die Architektur solche bleibenden Eindrücke schaffen kann, ist Anliegen dieses Buches.

Ein Kapitel behandelte den Aspekt des Fehlenden und die Chancen zur Vervollkommnung im Geiste. Fehlendes zu ergänzen oder Falsches umzuwandeln drückt immer Kreativität aus. Und hier sollten wir ansetzen: Bequemlichkeit in Beweglichkeit zu verwandeln.

All the aspects presented in this book – such as change, ambivalence, plainness and also their explanation by quoting examples from architecture – only amount to snapshots. If conditions and needs change, not all the design options that express the connection between human beings and nature can be applied everywhere simultaneously. Readers are invited to go on making comparisons and to add to existing features and their descriptions, but – above all – to find their own vital means of expression.

An almost blanket use of industrial products conditions our increasingly artificial habitat and makes our distance from nature continue to grow. Thus, our awareness of the link between nature and humans, between the material and the spiritual is increasingly disappearing, and our feeling of alienation is growing.

That said, the link in us humans has already been established by the simultaneity of body and mind. Nevertheless, we still need external sensory impressions to continually sensitize our awareness. The purpose of this book is to highlight how architecture can create lasting impressions with this kind of impact.

One chapter deals with the aspect of omission and the opportunities to achieve perfection on a spiritual level. To add what is missing or to transform what is false always expresses creativity. And it's here that we should begin our task: to transform comfort into movement.

Die gesteigerte Komplexität des täglichen Lebens, der Politik und Wirtschaft wird auch weiterhin die Verbindung von Wissenschaft, Kunst, Religion und Philosophie fördern und grenzüberschreitende Entdeckungen möglich machen. Dies kann – wie zu hoffen steht – eine allgemeine gesellschaftliche Annäherung an ein ganzheitliches Bewusstsein darstellen.

ICH SUCHE NICHT – ICH FINDE.
SUCHEN, DAS IST DAS AUSGEHEN VON ALTEN
BESTÄNDEN IN EIN FINDEN-WOLLEN
VON BEREITS BEKANNTEM UND NEUEM.
FINDEN, DAS IST DAS VÖLLIG NEUE AUCH
IN DER BEWEGUNG.
ALLE WEGE SIND OFFEN UND WAS GEFUNDEN WIRD,
IST UNBEKANNT.
ES IST EIN WAGNIS, EIN HEILIGES ABENTEUER.

Pablo Picasso

The increased complexity of daily life, politics and the economy will also continue to foster connections between science, art, religion and philosophy and to make possible ground-breaking discoveries. This hopefully can represent an approach by the whole of society to a holistic awareness of life.

I DO NOT SEARCH – I FIND.
SEARCHING IS TO START FROM WHAT ALREADY
EXISTS IN ATTEMPTING TO DISCOVER THE NEW
IN WHAT IS WELL KNOWN.
FINDING IS SOMETHING TOTALLY NEW, ALSO IN
MOVEMENT.
ALL PATHS ARE OPEN AND WHAT IS FOUND IS
UNKNOWN.
IT IS A RISK, A HOLY ADVENTURE.

Pablo Picasso

Florentine Sack, geboren 1968 in Karlsruhe. Studium der Architektur an der Technischen Universität Braunschweig und der Architectural Association School of Architecture, London, AADipl. 2002 Promotion, Dissertation: „Einssein in der Architektur – eine Annäherung". Lehrtätigkeit am Institut für Konstruktion und Gestaltung an der Universität Innsbruck bis 2004. Lebt und arbeitet als selbständige Architektin in Berlin.
[www.das-offene-haus.de]

Florentine Sack, born 1968 in Karlsruhe, Germany. Studied architecture at Technical University Braunschweig and at Architectural Association School of Architecture, London, AADipl. 2002 PhD, dissertation: „Being One in Architecture – An Approach". Taught at Institute for Construction and Design at University of Innsbruck until 2004.
Lives and works as freelance architect in Berlin.
[www.das-offene-haus.de]

Ingeborg Flagge, geboren 1942 in Oelde. Studium der Philosophie, Geschichte und Kunstgeschichte in Köln und London, Dr. phil. in Archäologie. Geschäftsführerin des BDA Deutschland. Freie Architekturkritikerin und -publizistin. Professorin für Architektur- und Baugeschichte an der HTWK Leipzig. Seit 2000 Direktorin des Deutschen Architektur Museums [DAM].

Ingeborg Flagge, born 1942 in Oelde, Germany. Studied philosophy, history and art history in Cologne and London, PhD in archaeology. CEO of German architectural institute BDA. Freelance architectural critic and publisher. Professor for architectural history at HTWK Leipzig. Since 2000 Director of Deutsches Architektur Museum [DAM].

Trotz intensiver Nachforschung ist es nicht gelungen, sämtliche Rechteinhaber ausfindig zu machen. Zur Klärung eventueller Ansprüche bitten wir, sich mit dem Verlag in Verbindung zu setzen.

Alvar Aalto Foundation/Villa Mairea Foundation [Hg/Ed.]: *Alvar Aalto*. Villa Mairea, Helsinki 1998

Alvar Aalto Museum [Hg/Ed.]: *In Berührung mit Alvar Aalto*, Helsinki 1992

Arc en reve, Centre d'architecture [Hg/Ed.]: *Living OMA/Rem Koolhaas*, Birkhäuser, Basel/Berlin/Boston 1998

Arch+ 142, 146

Architectural Monographs: *Mies van der Rohe*, Academy Editions 1986

Architectural Review 1/2002, 1/2003, 3/2005

Architecture and Urbanism: *Alvar Aalto Houses – Timeless Expressions*, Extra Edition, 1998

Architecture and Urbanism: *Peter Zumthor*, Extra Edition, 1998

André, Jean Louis/Morin, Eric: *Architekten und ihre Häuser*, Knesebeck, München 2000

Arnheim, Rudolf: *Journal of Aesthetics and Art Criticism* 14/1955

Arnheim, Rudolf: *Towards a Psychology of Art*, Faber & Faber, London 1966

Arnheim, Rudolf: *Neue Beiträge*, DuMont, Köln 1991

Furuyama, Masao: *Tadao Ando*, Artemis, Zürich 1993

Blaser, Werner: *Mies van der Rohe – West meets East*, Birkhäuser, Basel/Berlin/Boston 1996

Blaser, Werner: *Mies van der Rohe – Farnsworth House*, Birkhäuser, Basel/Berlin/Boston 1999

Buber, Martin: *Der Weg des Menschen nach der chassidischen Lehre*, Lambert Schneider, Gerlingen 1981

Capra, Fritjof: *Das Tao der Physik*, Knaur, München 1997

Detail 6/2000, 7/8/2003, 1/2/2005

Doczi, György: *Die Kraft der Grenzen*, Engel & Co., Stuttgart 1996

Drexler, Arthur: *The Architecture of Japan*, Museum of Modern Art, New York 1966

du 4/1998: *Hautnah. Bilder und Geschichten vom Körper*

El Croquis 53, 60, 65/66, 78, 91, 99, 101, 114

Engel, Heino: *The Japanese House – A Tradition for Contemporary Architecture*, Charles E. Tuttle Company, Tokyo 1988

ETH Zürich [Hg/Ed.]: *Alvar Aalto. Synopsis, Geschichte und Theorie der Architektur*, Birkhäuser, Basel/Berlin/Boston 1970

Frampton, Kenneth/Larkin, David: *American Masterworks. The 20th Century House*, Rizzoli, New York 1995

Frampton, Kenneth/Kunio, Kudo: *Japanese Building Practice From Ancient Times to the Meiji Period*, Columbia University, New York 1997

Freely, John/Burelli, Augusto Romano: *Sinan*, Thames and Hudson, London 1992

Frei Otto: *Natürliche Konstruktionen*, DVA, München 1982

Fromm, Erich: *Die Kunst des Liebens*, Ullstein, Berlin 1981

Gössel, Leuthäuser [Hg./Ed.]: *Architektur des 20. Jahrhunderts*, Taschen, Köln u. a. 1990

Gössel, Leuthäuser [Hg./Ed.]: *Frank Lloyd Wright*, Taschen Köln u. a. 1994

Guardini, Romano: *Von heiligen Zeichen*, Matthias Grünewald, Mainz 1992

Haus der Kunst, München [Hg./Ed.]: *Ernste Spiele – Der Geist der Romantik in der deutschen Kunst 1790–1990*, Oktagon, Stuttgart 1995

Häring, Hugo: *Das andere Bauen*, Krämer, Stuttgart 1982

Hildebrandt, Grant: *The Wright Space*, University of Washington Press, Washington 1934

Holma, Maija/Lahti, Markku: *Alvar Aalto. Eine sensiblere Struktur für das Leben*, Vammala 1998

Inoue, Mitsuo: *Space in Japanese Architecture*, Weatherhill, New York/Tokyo 1985

Ito, Teiji/Takeji, Iwamiya: *The Japanese Garden – An Aproach to Nature*, Yale University Press, London/New Haven 1972

Ito, Teiji/Jukio, Futogawa: *Traditional Japanese Houses*, A. D. A. Edita, Tokyo 1980

JA 58, Summer 2005

Kunsthaus Bregenz [Hg./Ed.]: *Hans Peter Wörndl. GucklHupf*, HatjeCantz, Stuttgart 1995

Laotse: *Tao Te King. Das Buch vom Lauf des Lebens*, O. W. Barth, München 1999

Lehner, Dorothea: *Architektur und Natur* [Diss.], Mäander Verlag, München 1985

Merleau-Ponty, Maurice: *Das Sichtbare und das Unsichtbare*, Wilhelm Fink Verlag, München 1994

Morrison and Eames Office: *Powers of Ten – About the Relative Size of Things*, Freeman and Company 1996

Murphy, Diana [Hg./Ed.]: *The Work of Charles and Ray Eames: A Legacy of Invention*, Harry N. Abrams, New York 1997

Naredi-Rainer, Paul von: *Architektur und Harmonie*, DuMont, Köln 1982

Nitschke, Günter: *From Shinto to Ando*, Academy Editions, London 1993

Nitschke, Günter: *Japanische Gärten*, Taschen, Köln u. a. 1999

Nitschke, Günter: *The Silent Orgasm. From Transpersonal to Transparent Consciousness*, Taschen, Köln u. a. 1995

Okakura, Kakuzo: *Das Buch vom Tee*, Insel, Frankfurt a. M. 1979

Okakura, Kakuzo: *The Book of Tea*, Kodansha International, Tokyo/New York 1989

OMA: *S,M,L,XL*, Monacelli Press, New York 1995

Reed, Peter [Hg./Ed.]: *Alvar Aalto. Between Humanism and Materialism*, Museum of Modern Art, New York 1998

Roulet, Sophie/Soulié, Sophie: *Toyo Ito. Architecture Monographs*, Editions du Moniteur, Paris 1991

Rudofski, Bernhard: *Architecture without Architects*, Academy Editions, London 1964

Salomon Guggenheim Foundation [Hg./Ed.]: *Arakawa/Gins – Reversible Destiny – We Have Decided not to Die*, Guggenheim Museum, New York 1997

Smith, Kathryn: *Schindler House*, Harry N. Abrams, New York 2001

Steele, James: *R. M. Schindler*, Taschen, Köln u. a. 1999

Suzuki, Daisetz T.: *Zen und die Kultur Japans*, O. W. Barth, München 1994

Tanizaki, Junichiro: *Lob des Schattens. Entwurf einer japanischen Ästhetik*, Manesse, Stuttgart 1996

Taut, Bruno: *Das japanische Haus und sein Leben*, Gebr. Mann Verlag, Berlin 1998

The Japan Architect 30: *Shigeru Ban*, Summer 1998

Trigueros, Luis/Angelillo, Antonio: *Eduardo Souto Moura*, Blau, Lisboa 1996

Ueda, Atsushi: *The Inner Harmony of the Japanese House*, Kodansha International, New York/Tokyo 1990

Wexler, Allan: *Structures for Reflection*, Neuer Folkwang Verlag, Hagen 1993

William, Alex: *Architektur der Japaner*, George Braziller, Inc., New York 1963

Wingler, Hans M.: *Bauhaus*, MIT Press, Cambridge 1986

Yoshida, Tetsuro: *Das japanische Wohnhaus*, Wasmuth, Tübingen/Berlin 1969

Zen Studies Society [Hg./Ed.]: *Daily Sutras*, Baiyo Shoin, Kyoto 1998

Zevi, Bruno: *Frank Lloyd Wright*, Studio Paperback, 1996

Zumthor, Peter: *Häuser*, Lars Müller Verlag, Baden 1998

IMPRESSUM

IMPRINT

© 2006 by jovis Verlag GmbH
Das Copyright für die Texte liegt bei den Autoren.
Das Copyright für die Abbildungen liegt bei den
Photographen/Inhabern der Bildrechte.

Alle Rechte vorbehalten.

Lektorat: Katharina Döring
Übersetzung: SAW Communications, Dr. Sabine A. Werner,
                    Mainz: Dr. Suzanne Kirkbright
Gestaltung und Satz: Vera Pechel, Basel
Lithographie: Galrev Druck- und Verlagsgesellschaft, Berlin
Produktion: MKT PRINT d.d.

Bibliographische Information Der Deutschen Bibliothek
Die Deutsche Bibliothek verzeichnet diese Publikation in der
Deutschen Nationalbibliographie; detaillierte bibliographische
Daten sind im Internet über http://dnb.ddb.de abrufbar.

jovis Verlag
Kurfürstenstr. 15/16
10785 Berlin

www.jovis.de

ISBN 3-936314-43-8

© 2006 by jovis Verlag GmbH
Texts by kind permission of the authors.
Pictures by kind permission of the
photographers/holders of the picture rights.

All rights reserved.

Editing: Katharina Döring
Translation: SAW Communications, Dr. Sabine A. Werner,
                    Mainz: Dr. Suzanne Kirkbright
Design and setting: Vera Pechel, Basel
Lithography: Galrev Druck- und Verlagsgesellschaft, Berlin
Production: MKT PRINT d.d.

Bibliographic information published by
Die Deutsche Bibliothek
Die Deutsche Bibliothek lists this publication in the
Deutsche Nationalbibliographie; detailed bibliographic
data are available in the Internet at http://dnb.ddb.de

jovis Verlag
Kurfürstenstr. 15/16
10785 Berlin

www.jovis.de